Die finstere Seite des Internets

Rand Hummel

Über impact e.V.

impact e.V. ist ein gemeinnütziger christlicher Verein, zusammengesetzt aus Jugendarbeitern verschiedener christlicher Gemeinden im deutschsprachigen Raum. Ziel von impact e.V. ist es, christlichen Gemeinden im Blick auf arbeits- oder materialaufwendige Aktivitäten in der Jugendarbeit (z. B. Freizeiten, Seminare, Schulungen) eine qualitätsreiche Hilfe und Unterstützung zu sein. Ausführliche und aktuelle Informationen über impact e.V. und dessen Aktivitäten in der Jugend- und Freizeitarbeit können im Internet unter www.impacteV.de abgerufen werden.

HINWEIS: „The Dark Side of the Internet" von Rand Hummel wurde im Auftrag von impact e.V. ins Deutsche übertragen. Die Tatsache, dass auf Material anderer Autoren und Herausgeber verwiesen wird, bedeutet nicht automatisch die Übereinstimmung von impact e.V. mit dessen allgemeinen Inhalt oder weiteren theologischen Aussagen der zitierten Autoren. Die Position von impact e.V. wird als bekannt vorausgesetzt. Quellenangaben und Verweise auf weitere Werke entsprechen den allgemein gültigen Richtlinien des Verlagswesens und sollen dem Leser als zusätzliche Hilfe dienen.

Alle Bibelzitate wurden der revidierten Schlachter Übersetzung – Version 2000 entnommen. In eckige Klammern [ ] gesetzte Wörter stehen nicht im Grundtext und wurden zur besseren Verständlichkeit hinzugefügt.

Die finstere Seite des Internets
1. Auflage 2008

Titel der englischen Originalausgabe
The Dark Side of the Internet
Autor: Rand Hummel
© 2004 BJU Press
Greenville, South Carolina 29614, USA

© 2008 impact e.V. (Hrsg.)
Internet: www.impacteV.de
Walther-Rathenau-Str. 14, 39167 Niederndodeleben, Deutschland
Deutsche Übersetzung: Alexandra Ellsmore

Umschlag: Elly Kalagayan, David Siglin, Erin Byram
Grafiken: Cory Godbey, Julie Arsenault, Annie Bastine
Satz: Oleksandr Hudym
Druck: AALEXX Druck GmbH, Großburgwedel

Autorisierte Übersetzung der englischen
Originalausgabe / BJU Press
Alle Rechte vorbehalten

impact Verlag: www.impacteV.de / onlineshop
eMail: onlineshop@impacteV.de
Best.Nr.: 10004
ISBN 978-3-9811774-1-1

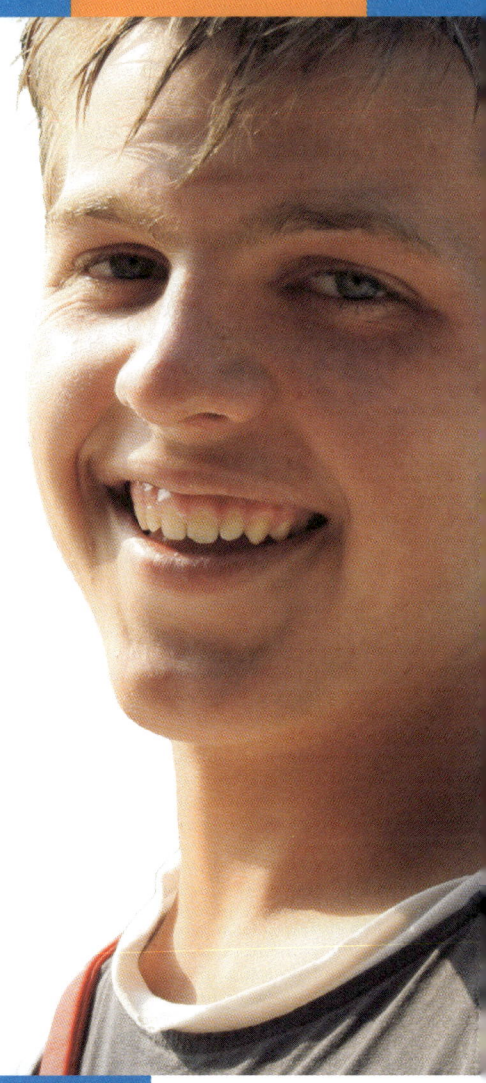

INHALT

EINLEITUNG

"Hey, Rand, hast du mal 'ne Minute Zeit?"

„Klar doch. Was ist los?"

„Ich muss mit dir reden. Ich bin mir nicht sicher, ob's ohne Tränen geht, aber ich will's versuchen. Kürzlich wachte ich in der Nacht auf, ungefähr so um zwei. Ich stand auf und ging rüber zum Wohnzimmer – und da sah ich meinen Vater, wie er am Computer saß und irgendetwas Pornografisches anschaute. Ich weiß nicht, was ich tun soll. Soll ich es meiner Mutter sagen? Ich glaube nicht, dass ich mit meinem Vater darüber reden kann. Kannst du mir helfen?"

Gespräche wie diese finden zunehmend häufiger statt und man begegnet immer öfter dem Leid, das damit verbunden ist. Der Einzug des Internets ermöglichte nicht nur einen schier unglaublichen Zugang zu Informationen aller Art und extrem schnelle Kommunikationswege, sondern auch die ständige Verfügbarkeit von Sünde. Seit ewigen Zeiten hat Satan mit seinen feurigen Pfeilen junge Gläubige angegriffen. Heute verfügt er über eine höchstgefährliche Waffe mit enormer Schlagkraft – die finstere Seite des Internets.

Das Internet hat den Weg zur Kommunikation mit Missionaren und Gläubigen in aller Welt frei gemacht. Viel Gutes kann von dieser Technologie kommen. Unsere Bedenken richten sich nicht gegen die Technologie, sondern dagegen, dass böse Menschen, die unter der Herrschaft eines bösen Herrn stehen, das Internet gebrauchen, um viele von Gottes Volk in Versuchung zu führen und in die Falle der Sünde zu locken und dadurch ihre Beziehungen zu Familienmitgliedern, Freunden und Gott zu zerstören. Es ist mein Gebet, dass die biblischen Prinzipien, die das vorliegende Buch aufzeigt, als wirksames Hilfsmittel Gottes Volk davor bewahren, von der finsteren Seite des Internets eingefangen zu werden.

Eine sich ständig ändernde Welt voller Gefahren

Unsere Welt ändert sich ständig. Es ist nahezu unmöglich, einen Tag oder auch nur eine Stunde zu erleben, ohne den Ausdruck „Dot.Com" zu hören. Das Internet ist Teil unseres Lebens und wird nicht daraus verschwinden. Es wird von Tag zu Tag größer und stärker und schneller und verlockender. Das Internet von heute ist in einem gewissen Sinne mit der Erfindung des Telefons vor weit mehr als 100 Jahren vergleichbar. Im Folgenden ist der Auszug einer Mitteilung der Western Union aus dem Jahre 1876 (manche von euch jungen Leuten glauben, dass eure Eltern zu dieser Zeit zur Schule gingen). Diese Mitteilung kommentiert die brandneue Erfindung eines Kommunikationsmittels unter der Bezeichnung *Telefon*.[1]

> *Dieses Telefon weist zu viele Mängel auf, um ernsthaft als ein*
> *Mittel zur Kommunikation in Erwägung gezogen zu werden.*
> *Das Gerät hat für uns absolut keinen Wert.*

Kannst du dir heute ein Leben ohne Telefon vorstellen? Wir werden nicht nur vom Telefon beherrscht, sondern auch von Handys, Piepsern, Funkempfängern, Minicomputern und einem ganzen Arsenal anderer Kommunikationsspielzeuge.

Mit der zunehmenden Expansion des Internets und den damit verbundenen Auswirkungen auf viele Bereiche unseres Lebens wird es immer mehr Möglichkeiten geben, im Web nach Informationen zu suchen, sich mit Freunden zu unterhalten, einzukaufen und Webseiten zu kreieren – dies alles mit Geschwindigkeiten, die viele hundert Mal schneller sind als die heutigen Internetverbindungen.

In unserer Hightech-Gesellschaft werden die Computer, die wir heute verwenden, wahrscheinlich innerhalb der nächsten zehn Jahre total veraltet sein. Zum Beispiel der Kühlschrank, der Toaster, der DVD-Spieler bei dir zu Hause – in Zukunft wird alles computergesteuert sein! Du bist dann vielleicht auf dem Weg zur Arbeit, wenn dein Handy läutet, und es ist dein Kühlschrank. Dein neuer und verbesserter Kühlschrank wird über eine Technologie verfü-

---

[1] Linda Stone, „Virtually Yours: The Internet as a Social Medium", VISION, 14. April 1997, http://www.research.microsoft.com/vwg/papers/VISION.html.

gen, durch die er genau weiß, was sein Inhalt ist. Jedes Mal, wenn du etwas in den Kühlschrank räumst, scannt er das Produkt ein und speichert es in einer Liste. Dein Kühlschrank ruft dich also an und sagt: „Könntest du heute auf dem Weg von der Arbeit zwei Liter Milch vom Supermarkt mitbringen? Oh, und wenn du schon dabei bist, wie wär's mit ein paar frischen Brezeln vom Backstand?" Oder vielleicht bist du irgendwo mit dem Auto unterwegs und dein Minicomputer meldet sich – es ist dein DVD-Recorder, der dich anruft! Er weiß, wie wahnsinnig gerne du die Sendung mit der Maus siehst, und er weiß, dass es im Fernsehen eine 24-stündige Sondersendung gibt, und jetzt will er wissen, ob er sie für dich aufnehmen soll. Wir leben in einer Hightech-Gesellschaft und diese Technologie wird mit der Zeit immer fortgeschrittener sein.

Das Internet von heute ist ein technologisches Wunder. Aber es gibt eine finstere Seite des Internets, die um sich greift und die manchmal nur schwer zu vermeiden ist. Das Internet stellt für uns alle eine neue Art der Gefahr dar.

Es war mir lange Zeit nicht bewusst, wie groß diese Gefahr ist, bis ich vor ein paar Jahren eine christliche Schule besuchte, um dort zu predigen. Es war eine der christlichen Schulen, wo die meisten Schüler der höheren Jahrgangsstufen absolut kein Herz für Gott hatten. Während der Botschaft hingen viele von ihnen nur in ihren Stühlen herum und verdrehten die Augen. Ein Junge fand jedoch zum Herrn zurück und erzählte mir, was die Ursache für solch verhärtete Herzen war. Er sagte: „Viele der Jungs in meiner Schule gehen abends nach Hause und surfen im Web, um die schlimmsten, perversesten, ekligsten Seiten, die man sich vorstellen kann, zu finden. Am nächsten

Tag tauschen sie jene Adressen untereinander aus und sehen sich dann nachts den Müll an und machen sich darüber lustig."

In einem anderen Fall verbrachte eine Gruppe von Mädels ungeheuer viel Zeit mit Chatten im Internet. Einige von ihnen lernten dabei einen Mann namens Lukas kennen; aus irgendeinem unerfindlichen Grund wollte Lukas nur mit zwei oder drei der Mädels chatten und nicht mit den übrigen. Also wurden die Mädels, mit denen Lukas nicht chatten wollte, auf diejenigen sauer, mit denen er chattete, und begannen eine „Hass-Kampagne", die zu einer unglaublichen Zwietracht und Spaltung führte.[2]

Mit diesen Bürden auf meinem Herzen begann ich damit, in Gottes Wort nach Stellen zu suchen, die mir helfen würden, denjenigen biblischen Rat zu geben, die in den Missbrauch dieser Technologie verwickelt sind – ein Missbrauch, der sich auf so viele Herzen und Familien zerstörend auswirkt. Dabei traf ich auf die Beschreibung einer Vision, die Gott Seinem jungen Propheten Hesekiel gab. Hesekiels Vision reflektiert in gewisser Weise, was heute in Gemeinden, Schulen, Familien und Jugendgruppen stattfindet. Was Gott vor vielen Jahren zu Hesekiel sagte, müssen wir heute unbedingt hören.

Das vorliegende Bibelstudium ist weder zu technisch-kompliziert noch behandelt es jeden einzelnen Aspekt des Internets. Es zeigt jedem von uns, auch denjenigen, die sich vielleicht gar nicht oder nur wenig mit Computern auskennen, wie man lernen kann, die finstere Seite des Internets zu meiden.

---

[2] Namen und Details der im vorliegenden Buch gegebenen Beispiele wurden abgeändert, um die Identität einzelner zu schützen.

HESEKIELS VISION

1

Gottes Wort ist voll gepackt mit Prinzipien, die in Bezug auf Themen der Gegenwart leicht angewendet werden können, die jedoch manchmal nicht so leicht zu finden sind. Es wird nicht sehr hilfreich sein, in einer biblischen Konkordanz Wörter wie Internet, Computer, Website, Chat, TV oder Medien nachzuschlagen. Gibt es denn Stellen in der Bibel, die auf den Missbrauch des Internets angewendet werden können? Bei meinen Nachforschungen fand ich einen Vers in Hesekiel 8 (die Vision, die Gott Hesekiel gab), der sich auf *„im Finstern sündigen"* bezieht. Ich staunte darüber, wie in dieser Vision Prinzipien gelehrt werden, die den heutigen Internetgebrauch steuern könnten und sollten. Was es damals in den Tagen Hesekiels gab, gibt es auch heute! Ich weiß, dass Gott Hesekiel die Vision nicht gab, um sich ausschließlich mit der finsteren Seite des Internets zu befassen, aber was Gott Hesekiel vor vielen Jahrhunderten zeigte, passiert heute mitten unter Gottes Volk.

Hesekiel war nicht ein ältlicher, weißhaariger Prophet, sondern sein Alter betrug gerade mal fünfundzwanzig, als er in Gefangenschaft genommen wurde, und ca. dreißig, als er zum Dienst des Propheten berufen wurde. Er diente ungefähr zur selben Zeit wie Jeremia, der ca. zwanzig Jahre älter war, und Daniel, der ungefähr so alt wie er selbst war. Hesekiel und seine Frau waren unter den Tausenden von Juden, die um 597 v. Chr. gefangen nach Babylon weggeführt wurden (2. Könige 24,11-18). Gebrochenen Herzens schrieb Hesekiel über den Tod seiner Frau (Hesekiel 24,18). Das Buch Hesekiel erwähnt nicht seinen Tod, aber es wird traditionell angenommen, dass er dreißig Jahre nach dem Tod seiner Frau von einem israelitischen Prinz ermordet wurde, den er wegen seines Götzendienstes getadelt hatte.

Das Buch Hesekiel ist überreich an den Lehren der Herrlichkeit Gottes, der Heiligkeit Gottes und der Souveränität Gottes. Die *Herrlichkeit Gottes* scheint in Hesekiel ein zentrales Thema zu sein und ist in den Kapiteln 1, 3, 10, 11, 43 und 44 zu finden. Gottes

Heiligkeit, Macht und Herrlichkeit werden oft besonders hervorgehoben, wenn sie vor dem Hintergrund der Sünde Judas gesehen werden (Hesekiel 1,26-28; 43,1-7).

Gottes Eifersucht

Wir wollen jetzt konzentriert und in Ruhe Hesekiels Vision betrachten und Schritt für Schritt durchgehen, um zu sehen, wie sie heute auf so viele von Gottes Volk und dem, wie sie mit der finsteren Seite des Internets umgehen, angewendet werden kann.

> *Und es geschah im sechsten Jahr, am fünften Tag des sechsten Monats, als ich in meinem Haus saß, und die Ältesten Judas saßen vor mir; da fiel dort die Hand Gottes, des Herrn, auf mich. Und ich schaute, und siehe, eine Gestalt, die aussah wie Feuer; von seinen Lenden abwärts war er anzusehen wie Feuer, von seinen Lenden aufwärts aber war er anzusehen wie ein Lichtglanz, gleich dem Anblick von Goldschimmer. Und er streckte etwas wie eine Hand aus und ergriff mich bei dem Haar meines Hauptes, und der Geist hob mich empor zwischen Himmel und Erde und brachte mich in Gesichten Gottes nach Jerusalem, an den Eingang des inneren Tores, das nach Norden schaut, wo ein Götzenbild der Eifersucht, das die Eifersucht [Gottes] erregt, seinen Standort hatte. Und siehe, dort war die Herrlichkeit des Gottes Israels, in derselben Gestalt, wie ich sie im Tal gesehen hatte. Und er sprach zu mir: Menschensohn, hebe doch deine Augen auf nach Norden! Und ich hob meine Augen auf nach Norden, und siehe, da war nördlich vom Altartor **dieses Götzenbild der Eifersucht, beim Eingang**. (Hesekiel 8,1-5)*

„Götzenbild der Eifersucht" bezieht sich auf ein Götzenbild, das die Juden im Tempel aufgestellt hatten, was Gottes Eifersucht erregte.

Nun, wenn die Bibel von Gottes Eifersucht spricht, ist diese etwas anderes als die Eifersucht, die Menschen oft empfinden. Menschliche Eifersucht ist auf den Menschen ausgerichtet – auf sein Vergnügen und sein Glück. Gottes Eifersucht ist auf Gott ausgerichtet – auf Seine Ehre und Seine Herrlichkeit. Gott ist das größte und wertvollste Wesen, das es überhaupt gibt, und nichts und niemand ist Ihm gleich (1. Samuel 2,2).

Deswegen ist es nur recht, dass Er eifersüchtig danach verlangt, dass wir uns Ihm ganz und gar hingeben. Aber dieser Eifersucht liegt das am Herzen, was für den Menschen am besten ist: Gott zu lieben und Ihm zu dienen. Gott will unsere Liebe mit keinem anderen Gott teilen. Gott geht es mit Seiner Eifersucht *um uns*. Gott weiß, dass wir, wenn wir die Welt mit ihren Versuchungen der Fleischeslust, der Augenlust und des Hochmuts lieben, Ihn Selbst nicht so lieben können und lieben werden, wie wir es sollten.

> *Habt nicht lieb die Welt, noch was in der Welt ist! Wenn jemand die Welt lieb hat, so ist die Liebe des Vaters nicht in ihm. Denn alles, was in der Welt ist, die Fleischeslust, die Augenlust und der Hochmut des Lebens, ist nicht von dem Vater, sondern von der Welt. Und die Welt vergeht und ihre Lust; wer aber den Willen Gottes tut, der bleibt in Ewigkeit.* (1. Johannes 2,15-17)

Im Grunde genommen will Gott nur das Beste für dein Leben. Gott will nicht, dass du dein Herz an irgendetwas verlierst, das dich von Ihm wegziehen und dein Leben ruinieren wird! Er will nicht, dass du Entscheidungen triffst, die dich nach ein paar Monaten quälen. Gott liebt dich so sehr, dass Er nicht will, dass dich das Ziehen der Welt in Stücke reißt. Gott ist ein eifersüchtiger Gott! Er liebt dich und will das, was für dich am besten ist. Hör Ihm deswegen bitte zu. Nimm dir ein paar Minuten Zeit und denke über die folgenden Verse nach und was sie über Gott aussagen.

> Niemand ist heilig wie der HERR, ja, es ist keiner außer dir; und es ist kein Fels wie unser Gott!
> 1. Samuel 2,2

> *Du sollst dir kein Bildnis noch irgendein Gleichnis machen, weder von dem, was oben im Himmel, noch von dem, was unten auf Erden, noch von dem, was in den Wassern, unter der Erde ist. Bete sie nicht an und diene ihnen nicht! Denn ich, der HERR, dein Gott, bin ein eifersüchtiger Gott, der die Schuld der Väter heimsucht an den Kindern bis in das dritte und vierte Glied derer, die mich hassen, der aber Gnade erweist an vielen Tausenden, die mich lieben und meine Gebote halten.* (2. Mose 20,4-6)

> *So hütet euch nun, dass ihr den Bund des HERRN, eures Gottes, nicht vergesst, den er mit euch gemacht hat, und euch nicht ein Bildnis macht von irgendeiner Gestalt, was der HERR, dein Gott, dir verboten hat! Denn der HERR, dein Gott, ist ein verzehrendes Feuer, ein eifersüchtiger Gott.* (5. Mose 4,23-24)

Gräuel aufgeben, sich Gott nahen

*Da sprach er zu mir: Menschensohn, siehst du, was diese tun? Die großen **Gräuel**, welche das Haus Israel hier begeht, so dass ich mich von meinem Heiligtum entfernen muss? Aber du wirst **noch mehr große Gräuel** sehen! (Hesekiel 8,6)*

Jedes Mal, wenn du das Wort *Gräuel* siehst, solltest du „hassen, hassen, hassen" denken. Wenn du genau wissen willst, was Gott hasst, greif zu einer biblischen Konkordanz und lies jeden Vers in der Bibel, in dem das Wort *Gräuel* vorkommt. Erstelle eine Liste von all dem, was Gott ein Gräuel ist, und bitte dann Gott, dir denselben Hass auf jene Dinge zu geben, die Gott hasst.

Gott sagte: „Hesekiel, siehst du, was mein Volk tut? Sie vertreiben mich buchstäblich aus ihrem Leben, indem sie sich für genau die Gräuel entscheiden, die ich hasse!" Gott möchte uns nahe sein – aber wir entfernen uns oft von Ihm, sodass wir Sünde genießen können. Hier ist eine großartige, lebensverändernde biblische Wahrheit, die überall in der Schrift zu finden ist und besonders klar in Jakobus 4,8 zum Ausdruck kommt:

Naht euch zu Gott, so naht er sich zu euch! Reinigt die Hände, ihr Sünder, und heiligt eure Herzen, die ihr geteilten Herzens seid!

Wir können Gott so nahe sein, wie wir es wollen!

Wenn wir unsere Hände rein halten, indem wir alles aufgeben, was es uns „leicht" macht zu sündigen, und unsere Herzen rein halten, indem wir Sünde sofort bekennen, dann können wir uns Gott nahen. Unsere schmutzigen Hände und unreinen Herzen hindern uns daran, mit Gott enge Gemeinschaft zu haben. Was ist in deinem Zimmer zu Hause? Was gibt es versteckt im Keller oder in der Garage, das ein schmutziges Herz nährt? Welche Beziehung in der Schule oder in der Gemeinde verzehrt dermaßen dein Herz und deine Gedanken, dass du an nichts anderes denkst? Kannst du an irgendetwas in deinem Leben denken, das „gereinigt" werden muss? Wenn ja, dann leg dieses Buch beiseite, such dir einen Ort, wo du ungestört bist, und geh auf deine Knie vor unserem liebenden, heiligen Gott. Nahe dich zu Gott durch Bekennen deiner Sünden und preise Ihn für Seine unglaubliche, unverdiente Vergebung. Er verspricht, dass Er Sich uns nähern wird, wenn wir uns Ihm nähern. Bevor wir uns weiter mit dem Abschnitt in Hesekiel befassen, sinne über den folgenden Liedtext nach, der uns die Freude und Verantwortung in Erinnerung bringt, unserem wunderbaren Herrn nahe zu sein.

Nahe an Gottes Herz

von Cleland B. McAfee

Da ist ein Ort von stiller Ruh'
Nahe an Gottes Herz,
Ein Ort, der Sünde lässt nicht zu,
Nahe an Gottes Herz.

Da ist ein Ort von Trost so reich
Nahe an Gottes Herz,
Ein Ort, wo wir Ihn seh'n sogleich
Nahe an Gottes Herz.

Da ist ein Ort, der ganz befreit
Nahe an Gottes Herz,
Ein Ort der frohen Seligkeit
Nahe an Gottes Herz.

O Jesus, unser Heiland,
Gesandt von Gottes Herz.
Halt' uns, die Deiner harren,
Nahe an Gottes Herz.

Götzendienst – alt und neu

Und er führte mich zum Eingang des Vorhofs; und ich schaute, und siehe, da war ein Loch in der Wand. Da sprach er zu mir: Menschensohn, durchbrich doch die Wand! Als ich nun die Wand durchbrach, siehe, da war eine Tür. Und er sprach zu mir: Komm und sieh die schlimmen Gräuel, die sie hier verüben! **Da ging ich hinein und schaute, und siehe, da waren allerlei Bildnisse von Gewürm und gräulichem Getier, auch allerlei Götzen des Hauses Israel ringsum an die Wand gezeichnet.** *(Hesekiel 8,7-10)*

Als Hesekiel die Wand durchbrach und die Tür fand, ging er hinein und sah die schlimmsten Graffiti der perversesten, schmutzigsten Gräuel, die man sich vorstellen kann. An den Wänden dieses sündigen Verstecks war die Verderbtheit von Gottes Volk dargestellt, und zwar von denen, die Seine geistlichen Leiter waren. Genauere Studien decken auf, dass viele der Riten, Beschwörungen, Praktiken und Handlungen der Götzenverehrung der damaligen Zeit oft anstößig, schmutzig, abscheulich und ekelerregend waren. An den Wänden waren perverse Bilder von Schmutz, Unsittlichkeit und Gewalt.

Auf vielen Webseiten kannst du durch einen einfachen Mausklick mit derselben Verderbtheit konfrontiert sein. Jede Art von perverser, lasterhafter Unsittlichkeit kann „an den Wänden" der finsteren Seite des Internets gefunden werden.

Gottes Volk darin verwickelt

*Und vor ihnen standen **70 Männer von den Ältesten** des Hauses Israels, und mitten unter ihnen stand Jaasanja, der Sohn Schaphans; und jeder von ihnen hatte eine Räucherpfanne in seiner Hand, und der Duft einer Weihrauchwolke stieg auf. (Hesekiel 8,11)*

Die finstere Seite des Internets ist nicht nur für Teenager ein Problem. Sogar in konservativen christlichen Kreisen verlassen Mütter ihre Kinder und Ehemänner, weil sie in Chatrooms im Internet ihre, wie sie glauben, „wahre Liebe" gefunden haben. Jeden Tag werden Väter von der lasterhaften Pornografie, die an den Wänden der finsteren Seite des Internets offen dargestellt ist und wie eine Droge wirkt, abhängig. Es ist unglaublich. Es zerreißt einem das Herz!

Habsucht ... ist Götzendienst.

Wer ist Jaasanja? Jaasanja war der Sohn Schaphans, des Schreibers, der das Wort Gottes vor König Josia las. König Josia war gebrochenen Herzens, als er hörte, dass Gottes Volk in einer solchen Rebellion und Sünde verwickelt war (siehe 2. Könige 22,3-13).

Jaasanja hörte, wie sein Vater Gottes Wort las. Wahrscheinlich sind viele von euch, die das vorliegende Buch lesen, wie Jaasanja: ihr habt nahezu euer ganzes Leben lang gehört, wie das Wort Gottes gelesen und gepredigt wurde. Viele von euch kommen aus christlichen Familien. Du kennst die Wahrheit. Du hast gelernt, was Gott liebt und was Gott hasst. Diejenigen von euch, die Buße getan, ihre Sünden bekannt und Gott um Seine Vergebung und rettende Gnade gebeten haben, werden als Gottes Volk angesehen.

In diesem Abschnitt sagt Gott: „Siehst du, was inmitten von *meinem* Volk passiert?" – es sind also nicht die, die nicht an Gott glauben, sondern diejenigen, die vorgeben, Gott zu kennen.

„Heimliche" Sünden

*Da sprach er zu mir: Menschensohn, hast du gesehen, was die Ältesten des Hauses Israel im Finstern tun, jeder in seinen Bilderkammern? Denn sie sagen: **Der HERR sieht uns nicht;** der HERR hat dieses Land verlassen! (Hesekiel 8,12)*

Mit der finsteren Seite des Internets ist ein falsches Gefühl von „Privatsphäre" verbunden, das jedoch nicht der Realität entspricht. Dieser Vers beschreibt, was die Ältesten, die in jener Zeit die geistlichen Leiter sein sollten, taten, wenn sie glaubten, dass ihnen keiner zusah, nicht einmal Gott. Sie waren bestrebt, ihre Lasterhaftigkeit zu verbergen, indem sie sich im Finsteren versteckt hielten. Heute ist es zu einfach, deine Sünde zu verstecken. Du musst nur in dein Schlafzimmer gehen, die Tür schließen und den Computer einschalten. Kommt es vor, dass du denkst: „Niemand wird es je herausfinden. Niemand wird je davon wissen."? Viele sind so töricht und glauben, dass der Herr nicht weiß, was geschieht, oder dass es Ihm egal ist.

Noch mehr große Gräuel

*Danach sprach er zu mir: Du wirst **noch mehr große Gräuel sehen**, die sie begehen! (Hesekiel 8,13)*

Was könnte noch schlimmer sein?

Und er führte mich zu dem Eingang des Tores am Haus des HERRN, das gegen Norden liegt; und siehe, dort saßen Frauen, die den Tammuz beweinten. (Hesekiel 8,14)

Tammuz war ursprünglich ein babylonischer Sonnengott, der Dumuzu oder Duzu genannt wurde; er war der Mann von Ishtar, die der Aphrodite der Griechen entspricht. Die babylonische Mythologie stellt Tammuz als einen schönen Hirten dar, der von einem wilden Eber getötet wurde. Ishtar beweinte ihn lange Zeit. In Babylon wurde dieses Trauern um Tammuz von Frauen am zweiten Tag des vierten Monats gefeiert, der demzufolge Tammuz genannt wurde. Die Riten dieses Götzenkultes waren unglaublich gottlos und enthielten in ungeheuerlichem Maße Perversitäten und Unsittlichkeit.

> *Da sprach er zu mir: Hast du das gesehen, Menschensohn? Du wirst **noch mehr und größere Gräuel** sehen als diese!* (Hesekiel 8,15)

Dies ist das dritte Mal, dass der Herr im vorliegenden Abschnitt eine ähnliche Formulierung verwendete.

> *... Aber du wirst **noch mehr große Gräuel** sehen!* (Hesekiel 8,6)

> *... Du wirst **noch mehr große Gräuel** sehen, die sie begehen!* (Hesekiel 8,13)

Eine der Gefahren der finsteren Seite des Internets ist, dass die Lasterhaftigkeit kein Ende hat. Bücher haben ein letztes Kapitel, Filme haben ein Zeitlimit und jedes Musikstück hat einen Schlusstakt. Die finstere Seite des Internets hat jedoch kein Ende – es geht weiter und weiter und weiter – und es wird immer ekelhafter und abartiger, je tiefer du gräbst.

Die Sünden, die mit der finsteren Seite des Internets verbunden sind, können in großem Maße zur Sucht werden und desensibilisieren. Was einmal aufregend war, wird langweilig. Was dir früher wegen seiner Verderbtheit die Röte ins Gesicht steigen ließ, bringt dich überhaupt nicht mehr aus der Fassung. Du suchst jetzt nach dem, was du einmal gehasst hast.

In meinen jungen Jahren hatte ich das Vorrecht, auf mehreren Farmen zu arbeiten. Es war nicht schwierig, Arbeit zu finden – beim Heuen zu helfen oder Kuhställe auszumisten. Ich erinnere mich, dass es mehr als einmal vorkam, wenn ich in einer Scheune arbeitete, dass jemand vorbeischaute und die Bemerkung machte, wie schlimm es roch, und mich fragte, wie ich den Gestank aushalten konnte. Ich antwortete: „Welcher Gestank? Ich rieche gar nichts." Manchmal lief ich zum Haus und bat meine Großmutter um ein Glas Limonade und sie ließ mich nicht durch die Tür. „Warte draußen – du kommst mir nicht ins Haus, wenn du dermaßen stinkst!" Ich dachte, was heißt, dermaßen stinkst? Ich rieche gar nichts. Weißt du, wenn du jeden Tag in dieser Umgebung arbeitest, dringt der Geruch in alles ein – deine Haare, deine Haut und Kleidung. Nach einer Weile stinkt es einfach nicht mehr. Wenn du es zulässt, dass durch Musik, Fernsehen und die finstere Seite des Internets Sinnlichkeit deine Gedanken und dein Herz durchdringt, dann wirst du denken, dass Sünde einfach nicht mehr stinkt.

Leitung in großer Gefahr

> *Und er führte mich in den inneren Vorhof des Hauses des HERRN; und siehe, am Eingang zum Tempel des HERRN, zwischen der Halle und dem Altar, waren etwa* **25 Männer;** *die kehrten dem Tempel des HERRN den Rücken, ihr Angesicht aber nach Osten;* **und sie warfen sich nach Osten anbetend vor der Sonne nieder.** *(Hesekiel 8,16)*

Gott führte Hesekiel in den inneren Vorhof des Tempels. Hesekiel sah fünfundzwanzig Männer, die dem Tempel Gottes den Rücken kehrten und damit begannen, Gottes Schöpfung anstatt den Schöpfer Selbst anzubeten. Diese fünfundzwanzig Männer stellten in Israel geistliche Leiter dar. Gott zeigte Hesekiel dadurch, dass sogar jene in hohen Führungspositionen sich dafür entschieden hatten, Gott den Rücken zu kehren.

Sünde: keine große Sache?

> *Da sprach er zu mir: Hast du das gesehen, Menschensohn?* **Ist es dem Haus Juda zu wenig***, die Gräuel zu tun, die sie hier verüben, dass sie auch das Land mit Frevel erfüllen und mich immer wieder zum Zorn reizen? Und siehe, sie halten grüne Zweige an ihre Nase! (Hesekiel 8,17)*

In diesem Vers stellt Gott Hesekiel eine sehr überführende Frage:

> **Ist es dem Haus Juda zu wenig***, die Gräuel zu tun, die sie hier verüben?*

Heute würden wir die Frage vielleicht so stellen: Macht es denn den Leuten gar nichts aus, dass sie diese schrecklichen Sünden begehen? Oder: Ist es denn gar nicht wichtig? Stört es Gottes Volk denn gar nicht, dass sie sich dafür entscheiden, das zu lieben, was Gott hasst? Gibt es denn überhaupt keine Überführung von Sünde in den Herzen von Gläubigen, die in solcher Sünde leben? Ist es etwa unwichtig? Macht es *dir* denn gar nicht aus? Reißt es dir nicht dein Herz heraus, wenn du dich direkt vor Gottes Angesicht für Sünde entscheidest? Ist dir jetzt alles egal?

Dies ist in der Tat eine wichtige Frage, die wir uns stellen sollten. Wenn wir sündigen können, ohne dass es uns stört, dann ist in unserem Herzen etwas nicht in Ordnung. Überführung von Sünde im Herzen ist ein deutliches Anzeichen dafür, dass der Geist Gottes in dir lebt. Überführung erinnert uns daran, dass wir Gottes Kinder sind, und Er wird uns ständig daran erinnern, dass wir in Seinem Willen bleiben sollen. Überführung ist wie ein Schiedsrichter mit seiner Trillerpfeife, wenn wir die Grenzen übertreten. In Psalm 37,23 heißt es: „Vom HERRN werden die Schritte des Mannes bestätigt, wenn Ihm sein Weg gefällt." Das Wort *bestätigt* bedeutet nicht, dass der Herr wie ein Befehlshaber die Schritte vorgibt, sondern dass Er in Seiner Liebe jeden einzelnen Schritt in unserem Leben gemäß einem vorherbestimmten Weg ordnet und lenkt. Wenn wir jenen Weg verlassen und uns in den Dornen und Ranken dieser Welt verfangen, wird Gott es uns durch Überführung wissen lassen. Wann hast du das letzte Mal Gottes Überführung in deinem Herzen gespürt? Sinne über die folgenden Verse nach und bitte Gott darum, dir zu zeigen, ob du wie jene in Hesekiels Zeit lebst, die dachten, dass es „keine große Sache" war, gegen Gott zu sündigen.

Und das ist die Botschaft, die wir von ihm gehört haben und euch verkündigen, dass Gott Licht ist und in ihm gar keine Finsternis ist. Wenn wir sagen, dass wir Gemeinschaft mit ihm haben, und doch in der Finsternis wandeln, so lügen wir und tun nicht die Wahrheit; wenn wir aber im Licht wandeln, wie er im Licht ist, so haben wir Gemeinschaft miteinander, und das Blut Jesu Christi, seines Sohnes, reinigt uns von aller Sünde. Wenn wir sagen, dass wir keine Sünde haben, so verführen wir uns selbst, und die Wahrheit ist nicht in uns. Wenn wir aber unsere Sünden bekennen, so ist er treu und gerecht, dass er uns die Sünden vergibt und uns reinigt von aller Ungerechtigkeit. Wenn wir sagen, dass wir nicht gesündigt haben, so machen wir ihn zum Lügner, und sein Wort ist nicht in uns. (1. Johannes 1,5-10)

Wenn dir diese Wahrheiten aus Gottes Wort nicht wichtig sind, dann ist das vielleicht ein Anzeichen dafür, dass du nicht Gottes Kind bist (1. Korinther 16,22). Du solltest Gott bitten, dass Er dir „Buße geben möchte zur Erkenntnis der Wahrheit" (2. Timotheus 2,25). Du bist ein Rebell und dazu verdammt, die Ewigkeit in Pein und Qual zu verbringen (Römer 3,23; 6,23; Offenbarung 21,8). Aber Jesus Christus starb an der Stelle von Sündern wie du (1. Timotheus 1,15). Er errettet jeden, der Ihn im Glauben als persönlichen Heiland zur Vergebung der Sünden annimmt, vor Gottes gerechtem Zorn (Johannes 3,16; Römer 5,9-10). Aber ein leichthin gesagtes Gebet rettet keinen. Nur diejenigen, die erkennen, dass sie Sünder sind, und die aus dieser Erkenntnis heraus Gott um Errettung anrufen, werden das Heil empfangen, das Jesus Christus anbietet (Lukas 18,10-14). Wenn du wegen deiner Sünde nie Reue verspürt hast und das auch jetzt noch so ist, dann sollte dein erstes Gebet sein: „Herr, hilf mir, meine Sünde zu hassen und Jesus Christus zu lieben."

Die Sünde von Frevel und Gewalt

... dass sie auch das Land mit Frevel erfüllen...

Wir werden das Thema Frevel und Gewalt zu einem späteren Zeitpunkt genauer betrachten. Was man an Gewalttätigkeit und völliger Missachtung des Lebens bei vielen Computerspielen und gewaltverherrlichenden Websites sehen kann, ist unglaublich. Gott hasst Gewalt! Einer der Gründe dafür, dass die Welt durch die Sintflut zerstört wurde, war, dass die Erde mit Gewalttat erfüllt war.

> *Da sprach Gott zu Noah: Das Ende alles Fleisches ist bei mir beschlossen; denn die Erde ist durch sie mit Gewalttat erfüllt, und siehe, ich will sie samt der Erde vertilgen! (1. Mose 6,13)*

Gott zum Zorn reizen

... und mich immer wieder zum Zorn reizen...

Wenn du jemanden wirklich liebst, dann tust du alles, was in deiner Macht steht, um den Betreffenden nicht zu verärgern. Liebst du Gott? Kommt es in deinem Leben vor, dass du dich dafür entscheidest, Gott zum Zorn zu reizen? Wir sollten uns ständig vor Augen halten, dass wir uns weigern müssen, an irgendetwas Anteil zu haben, das Gott zum Zorn reizt. Betrachte die folgenden Verse:

> *Unzucht aber und alle Unreinheit oder Habsucht soll nicht einmal bei euch erwähnt werden, wie es Heiligen geziemt; auch nicht Schändlichkeit und albernes Geschwätz oder Witzeleien, die sich nicht gehören, sondern vielmehr Danksagung. Denn das sollt ihr wissen, dass kein Unzüchtiger oder Unreiner oder Habsüchtiger (der ein Götzendiener ist), ein Erbteil hat im Reich des Christus und Gottes.*
> *Lasst euch von niemand mit leeren Worten verführen! Denn um dieser Dinge willen kommt der Zorn Gottes über die Söhne des Ungehorsams. So werdet nun nicht ihre Mitteilhaber! (Epheser 5,3-7)*

> *Tötet daher eure Glieder, die auf Erden sind: Unzucht, Unreinheit, Leidenschaft, böse Lust und die Habsucht, die Götzendienst ist; um dieser Dinge willen kommt der Zorn Gottes über die Söhne des Ungehorsams. (Kolosser 3,5-6)*

Hesekiel beendet Vers 17 wie folgt:

Und siehe, sie halten grüne Zweige an ihre Nase!

Dieser Ausdruck ist nicht ganz eindeutig zu klären, aber er bezieht sich vermutlich auf eine bestimmte religiöse Handlung im Rahmen des Götzendienstes, wodurch Gott gelästert wurde.

Gottes Antwort auf Sünde

Der letzte Vers von Hesekiels Vision ist ein sehr trauriger Vers. Gott verspricht, dass Er diejenigen bestrafen wird, die das lieben, was Er hasst, und die hassen, was Er liebt.

> So will denn auch ich in meinem grimmigen Zorn handeln; mein Auge soll sie nicht verschonen, und ich will mich nicht über sie erbarmen; und wenn sie mir auch mit lauter Stimme in die Ohren schreien, so werde ich sie doch nicht erhören! (Hesekiel 8,18)

Was bedeutet dieser Vers? Sagt er aus, dass Gott uns nicht vergeben wird, wenn wir sündigen? Nein! Gibt es keine Hoffnung für diejenigen, die aus Neugier einen Blick auf die finstere Seite des Internets geworfen haben? Wir müssen daran denken, dass dieser Vers an die Israeliten in der Zeit Hesekiels gerichtet ist, die sich von Gott ganz und gar losgesagt hatten. Seine Botschaft an sie lautete, dass Er vorhatte, sie zu bestrafen, und nichts konnte irgendetwas an diesem Plan ändern. Diese Botschaft gilt auch heute noch all denen, die sich von Gott total abgewendet haben.

Ich möchte jetzt gerne drei allgemeine Prinzipien erläutern, die in diesem Vers gelehrt werden.

Im Überblick:

1. Gott ist eifersüchtig!

2. Gott ist heilig und übersieht keine Sünde.

3. Gott ist gerecht und auch wenn wir uns unsere Sünde aussuchen können, können wir uns nicht die Folgen unserer Sünde aussuchen.

Gott ist eifersüchtig!

Gott liebt uns so sehr und Er kennt uns so gut, dass Er uns ständig daran erinnert, dass wir uns von Sünde fern halten sollen. Er weiß, dass lasterhafte und sündige Neigungen und Leidenschaften unsere Herzen von Ihm weglocken werden. Er wird denjenigen, die sich für solche Sünden entscheiden, mit Wut und Zorn begegnen. Gottes Zorn kommt nie in falscher Weise zum Ausdruck, aber er kommt zum Ausdruck, da Gott Sünde hasst und Sünde macht Ihn zornig. Sinne über die folgenden Verse nach, die Gottes Zorn in Bezug auf Sünde beschreiben:

> *Und es geschah, dass das Volk sich sehr beklagte, und das war böse in den Ohren des HERRN; und als der HERR es hörte, da entbrannte sein Zorn, und das Feuer des HERRN brannte unter ihnen und fraß am Ende des Lagers. (4. Mose 11,1)*

> *Und ihr sollt nicht anderen Göttern nachfolgen, unter den Göttern der Völker, die um euch her sind — denn der HERR, dein Gott, der in deiner Mitte wohnt, ist ein eifersüchtiger Gott —, damit nicht der Zorn des HERRN, deines Gottes, gegen dich entbrennt und er dich von der Erde vertilgt. (5. Mose 6,14-15)*

> *Barmherzig und gnädig ist der HERR, geduldig und von großer Güte.*
> *Er wird nicht immerzu rechten und nicht ewig zornig bleiben. Er hat nicht mit uns gehandelt nach unseren Sünden und uns nicht vergolten nach unseren Missetaten. Denn so hoch der Himmel über der Erde ist, so groß ist seine Gnade über denen, die ihn fürchten. (Psalm 103,8-11)*

Gott ist heilig und übersieht keine Sünde.

Viele Christen glauben heute, dass Gott wie ein nachsichtiger Vater oder eine nachgiebige Mutter unsere Sünde und Selbstsucht übersieht – in der Hoffnung, dass diese irgendwann verschwinden werden. Gott wird jene nicht übersehen, die sich gegen Sein Wort entscheiden. Die Bibel weist uns immer wieder darauf hin.

> *Und dann sagen sie: „Der HERR sieht es nicht, und der Gott Jakobs achtet nicht darauf!" Nehmt doch Verstand an, ihr Unvernünftigen unter dem Volk! Ihr Toren, wann wollt ihr einsichtig werden? Der das Ohr gepflanzt hat, sollte der nicht hören? Der das Auge gebildet hat, sollte der nicht sehen? (Psalm 94,7-9)*

> *Denn die Wege eines jeden liegen klar vor den Augen des HERRN, und er achtet auf alle seine Pfade! (Sprüche 5,21)*

> *Die Augen des HERRN sind überall, sie erspähen die Bösen und die Guten. (Sprüche 15,3)*

Gott ist gerecht und auch wenn wir uns unsere Sünde aussuchen können, können wir uns nicht die Folgen unserer Sünde aussuchen.

Gottes Volk litt bereits unter den Folgen seiner Sünden. Es entschied sich für das, was Gott hasste, und vertrieb Gott aus seinem Leben. Als Gottes Feinde Sein Volk angriffen, führten sie es gefangen und mit Gewalt von seiner Heimat fort und machten aus freien Menschen Sklaven. Männer und Jungen wurden wie Tiere gebraucht und behandelt, während es vielen der Frauen und Mädchen noch schlimmer erging. Mit anderen Worten, die Gefangenschaft und die Sklaverei, des Gottes Volk erlitt, waren schlichtweg die Folge seiner eigenen Sünde. Wir können uns unsere Sünde aussuchen, aber wir können uns nicht die Folgen unserer Sünde aussuchen. Gott vergibt Sünde, wobei Er jedoch nicht immer die Folgen beseitigt. Diejenigen, die Unsittlichkeit begehen, können ihre frühere Beziehung zu Gott wiedererlangen, aber sie werden nie ihre frühere Beziehung mit ihrer Familie wiedererlangen können. In Sprüche 6,33 heißt es: „Schläge und Schmach werden ihn treffen, und seine Schande ist nicht auszutilgen."

Es ist erstaunlich, wie selbstsüchtig und Ich-bezogen wir sein können. Wir rufen Gott um Hilfe an, wenn das Leben schwierig und der Druck groß ist; aber sobald alles „im grünen Bereich" ist, vergessen wir Gott und leben wieder unser selbstsüchtiges Leben. Es ist schlimm, in diesem Kreislauf gefangen zu sein. Wir sehen genau diesen Kreislauf im Buch der Richter. Gottes Volk führte ein Leben der Selbstsucht, bis Schwierigkeiten aufkamen und die Folgen zu schwerwiegend waren, um damit fertig zu werden; und dann flehten sie Gott um Befreiung an. Gott sandte einen Richter (zum Beispiel Gideon, Simson oder Schamgar), um Sein Volk zu befreien. Sobald sie frei waren, dauerte es nicht lange, bis sie dieselbe Sünde wieder begingen, die zu genau jenem Gericht Gottes geführt hatte. Es ist erstaunlich, wenn man sieht, wie viele Christen in der heutigen Zeit am Montag sündigen, Montagabend um Vergebung bitten, um den Druck der Sündenüberführung zu mildern, und dann gleich wieder am Dienstag zur selben Sünde zurückkehren. Denke daran: Gott wird Vergebung gewähren, aber Er wird nicht immer die Folgen deiner Sünde beseitigen, die dich dann für den Rest deines Lebens verfolgen könnten.

IHR POTENZIAL

2

Und vor ihnen standen 70 Männer von den Ältesten des Hauses Israels, und mitten unter ihnen stand Jaasanja, der Sohn Schaphans; und jeder von ihnen hatte eine Räucherpfanne in seiner Hand, und der Duft einer Weihrauchwolke stieg auf. (Hesekiel 8,11)

Keiner ist immun

Die finstere Seite des Internets verfügt über ein derartiges Potenzial, dass keiner gegen ihre Macht und Anziehungskraft immun ist – keiner! Egal wie gottesfürchtig, einflussreich, beliebt oder alt – keiner! Weder deine Eltern noch dein Pastor, Jugendgruppenleiter, Mentor oder bester Freund, nicht einmal du selbst. Keiner ist immun gegen die Macht und Anziehungskraft der finsteren Seite des Internets. Die Statistiken ändern sich ständig und die Anzahl der Männer, die in Pornografie im Internet verwickelt sind, nimmt täglich zu. 1998 gab es ca. 14 Millionen pornografische Webseiten – im Gegensatz zu 260 Millionen im Jahre 2003.[3] Pastoren verlieren ihr Pastorenamt, Familien brechen auseinander, kleine Kinder werden verdorben und unzählige Teenager kehren Gott den Rücken. Dies ist ein geistlicher Krieg!

Biblische Beispiele und Unterweisung

Wer war der stärkste Mann in der Bibel? Simson. Was zerstörte sein geistliches Leben und sein Zeugnis? Sein unglaubliches Verlangen nach fremden Frauen. Wer war einer der weisesten Könige in der Bibel? Salomo. Er hatte dreihundert Frauen und siebenhundert Nebenfrauen. Wegen all dieser Frauen

---

[3] N2H2 Incorporated, „Laut N2H2 hat die Anzahl pornografischer Webseiten 260 Million erreicht und nimmt unaufhörlich zu." *PRNewswire-First Call,* 23. September 2003, http://ir.thomsonfn.com/InvestorRelations/PubNewsStory.aspx?partner=6269&layout=ir_newsStoryPrintFriendly.xs1&storyid=94774.

wandte sich sein Herz von Gott ab. Wer war einer der gottesfürchtigsten Könige in der ganzen Bibel? David. Wie alt war David, als er mit Bathseba Ehebruch beging? Er war um die fünfzig! Seine Söhne waren schon weit über zwanzig. Liebte David Gott? Ja! Sann David über Gottes Wort nach? Ja! Schrieb David Psalmen zum Lob Gottes? Ja! Hatte David ein Herz für Gott? Ja! Sündigte David? Ja!

Wir müssen uns ständig vor Augen halten, dass keiner immun ist gegen die Macht und Anziehungskraft der finsteren Seite des Internets. Die Bibel warnt uns, dass jeder von uns zu jeder Sünde fähig ist.

> *Darum, wer meint, er stehe, der sehe zu, dass er nicht falle! (1. Korinther 10,12)*

> *Wacht und betet, damit ihr nicht in Anfechtung geratet! Der Geist ist willig, aber das Fleisch ist schwach. (Matthäus 26,41)*

> *Denn sie [die fremde Frau] hat viele verwundet und zu Fall gebracht, und gewaltig ist die Zahl derer, die sie getötet hat. (Sprüche 7,26)*

Focus on the Family bietet speziell für Pastoren telefonische Seelsorge an. Jeder siebte Anruf kommt von einem Pastor, der in Internetpornografie verwickelt ist und verzweifelt nach Hilfe sucht.[4]

Online-Beziehungen

Greift Satan nur die Männer an oder gibt es im Internet auch Probleme für Frauen? Während Männer oft von visuellen Versuchungen angezogen werden, sind Frauen häufig auf der Suche nach einer „ernsten Beziehung": jemand, der Anteil nimmt und genügend Zeit hat, um zuzuhören, zu reden und zu kommunizieren. Unangebrachte elektronische Beziehungen stellen ein großes Problem dar. Diese „Online-Chats" und Unterhaltungen erscheinen am Anfang als sehr unschuldig oder werden als Flirt begonnen. Elektronische Beziehungen sind verzerrt und sehr gefährlich. Warum? Du weißt nicht, mit wem du zu tun hast!

Du weißt nicht, mit wem du es zu tun hast!

Wenn du dich mit jemandem online unterhältst, ist das sehr trügerisch. Durch die Kommunikation per Tastatur und den scheinbaren Schutz des Bildschirms meint man sicher zu sein. Sogar Leute, die sehr zurückhaltend sind, werden plötzlich sehr mutig

---

[4] Stan Keller, „Wo bekomme ich Hilfe für mein zunehmendes Problem mit Internetpornografie?" *The Parsonage,* 2004, http://www.family.org/pastor/faq/a0011334.html.

hinsichtlich des Inhalts und der Art der Unterhaltung, an der sie sich beteiligen. Die meisten vergessen, dass sie nicht wissen, mit wem sie es zu tun haben!

Hier ist das Beispiel eines FBI-Agenten, der sich in einem Chatroom für Jugendliche als ein Mädchen im Teenageralter ausgab. Von den übrigen 22 „Jugendlichen" waren alle 22, wie sich später herausstellte, Erwachsene, die Mädchen verführen wollten.[5] Es gibt eine finstere Welt perverser Menschen, die sich im Internet an Teenager und Kinder heranmachen, um sich mit ihnen anzufreunden, mit ihnen zu chatten, online eine Beziehung aufzubauen und schließlich ihre richtige Adresse zu bekommen und sie persönlich zu treffen. Diese bösen Menschen haben ein Ziel vor Augen – eines Tages jemanden zu treffen und zu missbrauchen.

Gottes Macht ist größer

Klingt das gruselig? Gut, das soll es auch. Mit dem Teufel und seinen Kumpanen ist nicht zu spaßen. Aber Christen können sich darüber freuen, dass „der in euch größer ist als der in der Welt" (1. Johannes 4,4). Jesus Christus ist derjenige, „der mächtig genug ist, euch ohne Straucheln zu bewahren und euch unsträflich ... vor das Angesicht seiner Herrlichkeit zu stellen." Es ist nicht nur, dass Er das machen kann, sondern Er macht es auch gerne – „mit Freuden" (Judas 24)! Jeder Christ kann Gewissheit darüber haben, dass sein treuer Hohepriester und der Heilige Geist für ihn im Gebet um Bewahrung vor der Welt, dem Fleisch und dem Teufel eintreten (Johannes 17,15; Römer 8,26-27; Hebräer 7,24-25).

---

[5] FBI an Eltern: "Pädophile im Internet eine ernste Gefahr", *CNN Interactive*, 11. März 1998, http://www.cnn.com/TECH/computing/9803/11/cyber.stalking/.

IHRE PERVERSITÄT

3

*Da sprach er zu mir: Menschensohn, siehst du, was diese tun? Die **großen Gräuel**, welche das Haus Israel hier begeht, so dass ich mich von meinem Heiligtum entfernen muss? Aber du wirst **noch mehr große Gräuel** sehen! (Hesekiel 8,6)*

*Und er sprach zu mir: Komm und sieh die **schlimmen Gräuel**, die sie hier verüben! Da ging ich hinein und schaute, und siehe, da waren allerlei Bildnisse von Gewürm und gräulichem Getier, auch allerlei Götzen des Hauses Israel ringsum an die Wand gezeichnet. (Hesekiel 8,9-10)*

*Danach sprach er zu mir: Du wirst **noch mehr große Gräuel** sehen, die sie begehen! (Hesekiel 8,13)*

*Da sprach er zu mir: Hast du das gesehen, Menschensohn? Du wirst **noch mehr und größere Gräuel** sehen als diese! (Hesekiel 8,15)*

Da sprach er zu mir: Hast du das gesehen, Menschensohn? Ist es dem Haus Juda zu wenig, die Gräuel zu tun, die sie hier verüben, dass sie auch das Land mit Frevel erfüllen und mich immer wieder zum Zorn reizen? Und siehe, sie halten grüne Zweige an ihre Nase! (Hesekiel 8,17)

große Gräuel
noch mehr große Gräuel
schlimme Gräuel
noch mehr große Gräuel
noch mehr und größere Gräuel

Gräuel

In Hesekiels Vision wiederholt Gott bestimmte Ausdrücke, um hervorzuheben, wie gottlos und verderbt Israel geworden war.

Bevor wir die extremen Inhalte der finsteren Seite des Internets erörtern, wollen wir das Wort *Gräuel* in der Bibel betrachten. Wir wissen, dass es ein weit reichender Begriff ist, der alles umfasst, was Gott hasst. Die Sünde der Unmoral ist nicht die einzige Sünde, die in Gottes Augen ein Gräuel ist. Wenn wir jemanden wirklich lieben, lernen wir, das zu hassen, was er oder sie hasst. Dies ist ein Teil der bedeutenden biblischen Lehre der Furcht des Herrn. Gottesfurcht bedeutet auch, das zu hassen, was Er hasst, und zu lieben, was Er liebt. Was hasst Gott? Was stellt in Gottes Augen ein richtiges Gräuel dar? Gibt es etwas, das sich in unser Leben eingeschlichen hat, das, wenn wir daran denken, in Gottes Augen ein Gräuel ist? Erforsche dein Herz, während du die folgenden Verse durchliest:

Gottes Liste der Gräuel:
Diese sechs hasst der HERR, und sieben sind seiner Seele ein Gräuel: stolze Augen, eine falsche Zunge, Hände, die unschuldiges Blut vergießen, ein Herz, das böse Pläne schmiedet, Füße, die schnell zum Bösen laufen, ein falscher Zeuge, der Lügen ausspricht, und einer, der Zwietracht sät zwischen Brüdern. (Sprüche 6,16-19)

Ein stolzes Herz:
Alle stolzen Herzen sind dem HERRN ein Gräuel, die Hand darauf — sie bleiben nicht ungestraft! (Sprüche 16,5)

Lügen:
Falsche Lippen sind dem HERRN ein Gräuel, wer aber die Wahrheit übt, gefällt ihm wohl. (Sprüche 12,22)

Böse Gedanken:
Böse Gedanken sind dem HERRN ein Gräuel, aber freundliche Reden sind [ihm] rein. (Sprüche 15,26)

Gottloses gutheißen und Gerechtes verurteilen:
Wer den Gottlosen gerechtspricht und wer den Gerechten verurteilt, die sind beide dem HERRN ein Gräuel. (Sprüche 17,15)

Gebet und Lebensstil der Gottlosen:
Das Opfer der Gottlosen ist dem HERRN ein Gräuel, das Gebet der Aufrichtigen aber ist ihm wohlgefällig. Der Weg der Gottlosen ist dem HERRN ein Gräuel, wer aber der Gerechtigkeit nachjagt, den hat er lieb. (Sprüche 15,8-9)

Beschäftigung mit dem Okkulten:

Wenn du in das Land kommst, das der HERR, dein Gott, dir gibt, so sollst du nicht lernen, nach den Gräueln jener Heidenvölker zu handeln. Es soll niemand unter dir gefunden werden, der seinen Sohn oder seine Tochter durchs Feuer gehen lässt, oder einer, der Wahrsagerei betreibt oder Zeichendeuterei oder ein Beschwörer oder ein Zauberer, oder einer, der Geister bannt, oder ein Geisterbefrager, oder ein Hellseher oder jemand, der sich an die Toten wendet. Denn wer so etwas tut, ist dem HERRN ein Gräuel, und um solcher Gräuel willen vertreibt der HERR, dein Gott, sie vor dir aus ihrem Besitz. (5. Mose 18,9-12)

Es ist unschwer zu erkennen, dass Unmengen an Material und Informationen, die online erhältlich sind, in Gottes Augen ein Gräuel darstellen. Die finstere Seite des Internets ist ein unendliches Übel. Ihr Inhalt ist extrem. Sie hört nie auf! Sie wird immer widerlicher und abartiger, je tiefer du gräbst. Wir wurden jahrelang vor den schlimmen Auswirkungen des Fernsehens gewarnt und sicherlich wird dort ungeheuerlich viel an Schlechtigkeit als „Unterhaltung" präsentiert. Aber verglichen mit dem Internet gibt es im Fernsehen in der Regel noch gewisse Maßstäbe und Einschränkungen. Online ist jedoch jede Art von perverser, verderbter Unmoral frei zugänglich.

Online-Gefahren

Welche Gefahren drohen dir? Welche Gefahren drohen in der Zukunft deinen Kindern? Welche Gefahren gibt es für deinen zukünftigen Mann oder deine zukünftige Frau?

Leichter und anonymer Zugang zu Pornografie

Leichter und anonymer Zugang zu Pornografie ist eine große Gefahr. Das Internet hat die Hürde der Scham, die mit dem Erwerb pornografischer Zeitschriften und Materialien verbunden ist, herabgesetzt. Früher waren es unanständige, alte Männer, die um Buchläden für Erwachsene herumschlichen, aber heute ist das ganz anders. Die schlimmen Buchläden haben sich bei dir zu Hause eingeschlichen. Stell dir vor, deine Mutter sagt: „Könntest du bitte schnell mal zum Lebensmittelmarkt rübergehen und zwei Liter Milch und eine Packung Schokoladenkekse holen?" Du machst das. Du gehst rüber zum Laden und holst die Milch und die Kekse. Während du dort bist, kaufst du dir außerdem ein Pornoheft. Du gehst nach Hause, trinkst die Milch, isst die Kekse und schaust zusammen mit deiner Mutter das Heft durch. Das glaube ich nicht! Warum nicht? Wegen deiner Mutter! Aber warum gehen so viele Teenager in ihr Zimmer, schließen die Tür, vergewissern sich, dass sonst keiner da ist, und fangen an, im Internet zu surfen und gottlose Seiten anzuschauen?

Ist dir klar, dass *Kinder* Zugang zu der Pornografie haben, die vom Gesetz her auf Erwachsene beschränkt ist? Nur ein paar Mausklicks und jedes Kind jeden Alters kann seine Gedanken vergiften. Wenn Eltern nicht für disziplinarische und technische Schutzmaßnahmen (wie zum Beispiel Filter oder gefilterte ISPs) sorgen, erlauben sie allen Arten der Perversion freien Zugang – nicht nur in ihr Zuhause, sondern auch in die Herzen jener, die sie so lieben. Eltern, Brüder, Schwestern und Freunde müssen alle dazu bereit sein, vor den giftigen Schlangen zu warnen, die jederzeit angreifen können. Wir müssen kleine Kinder liebevoll vor diesem schlimmen Übel beschützen, das auf ihre sündhafte Natur dadurch Jagd macht, indem es sie nährt, bevor die Kleinen die intellektuelle oder geistliche Reife haben, zu sich selbst und ihrem Verlangen Nein zu sagen.

Die Gefährlichkeit der Pornografie im Internet

Im Internet gibt es unzählige Bilder, die vom Gesetz her nicht einmal in Buchläden für Erwachsene verkauft werden dürfen. Als Gott sich Hesekiel offenbarte und dabei die Ausdrücke *große Gräuel*, *noch mehr große Gräuel* und *noch mehr und größere Gräuel* verwendete, hob Er damit die Tatsache hervor, dass Sein Volk scheinbar keine Grenzen kannte – mit seiner ungezügelten, unbegrenzten, ungehinderten Beteiligung an den allerschlimmsten Gräueln. Das Neue Testament bezeichnet diese ungezügelte Sünde als *Ausschweifung* und *Zügellosigkeit*. Ausschweifung und Zügellosigkeit ist Sünde ohne Beschränkung. Sünde ohne Grenzen. Sünde ohne Hemmungen. Es ist eine Lebenseinstellung, die Autorität und absolute Werte nicht anerkennt. Es ist die Einstellung, die sagt: „Keiner – überhaupt keiner – sagt mir, was ich tun soll, auch Gott nicht!" Ausschweifung bricht Gott das Herz. Menschen, die diesen ungezügelten Lebensstil fördern, verleugnen Gott, hassen Gott und haben Gott gegenüber ihre Herzen verhärtet. Sinne gründlich über die folgenden Verse nach, die diese gottlose Lebensphilosophie ansprechen:

Denn von innen, aus dem Herzen des Menschen, kommen die bösen Gedanken hervor, Ehebruch, Unzucht, Mord, Diebstahl, Geiz, Bosheit, Betrug, Zügellosigkeit, Neid, Lästerung, Hochmut, Unvernunft. All dieses Böse kommt von innen heraus und verunreinigt den Menschen. (Markus 7,21-23)

... so dass mein Gott mich nochmals demütigt bei euch, wenn ich komme, und ich trauern muss über viele, die zuvor schon gesündigt und nicht Buße getan haben wegen der Unreinheit und Unzucht und Ausschweifung, die sie begangen haben. (2. Korinther 12,21)

Offenbar sind aber die Werke des Fleisches, welche sind: Ehebruch, Unzucht, Unreinheit, Zügellosigkeit; Götzendienst, Zauberei, Feindschaft, Streit, Eifersucht, Zorn, Ehrgeiz, Zwietracht, Parteiungen; Neid, Mord, Trunkenheit, Gelage und dergleichen, wovon ich euch voraussage, wie ich schon zuvor gesagt habe, dass die, welche solche Dinge tun, das Reich Gottes nicht erben werden. (Galater 5,19-21)

Das sage und bezeuge ich nun im Herrn, dass ihr nicht mehr so wandeln sollt, wie die übrigen Heiden wandeln in der Nichtigkeit ihres Sinnes, deren Verstand verfinstert ist und die entfremdet sind dem Leben Gottes, wegen der Unwissenheit, die in ihnen ist, wegen der Verhärtung ihres Herzens; die, nachdem sie alles Gefühl verloren haben, sich der Zügellosigkeit ergeben haben, um jede Art von Unreinheit zu verüben mit unersättlicher Gier. (Epheser 4,17-19)

... um die noch verbleibende Zeit im Fleisch nicht mehr den Lüsten der Menschen zu leben, sondern dem Willen Gottes. Denn es ist für uns genug, dass wir die vergangene Zeit des Lebens nach dem Willen der Heiden zugebracht haben, indem wir uns gehen ließen in Ausschweifungen, Begierden, Trunksucht, Belustigungen, Trinkgelagen und frevelhaftem Götzendienst. Das befremdet sie, dass ihr nicht mitlauft in denselben heillosen Schlamm, und darum lästern sie. (1. Petrus 4,2-4)

Es haben sich nämlich etliche Menschen unbemerkt eingeschlichen, die schon längst zu diesem Gericht aufgeschrieben worden sind, Gottlose, welche die Gnade unseres Gottes in Zügellosigkeit verkehren und Gott, den einzigen Herrscher, und unseren Herrn Jesus Christus verleugnen. (Judas 4)

Der Vertrieb von Kinderpornografie

In Bezug auf Kinderpornografie möchte ich mich so zurückhaltend wie möglich äußern. Wir müssen unbedingt begreifen, wie ernst und gefährlich die geistliche Auseinandersetzung ist, in der wir uns befinden. Mein persönlicher Dienst bringt es mit sich, dass ich viele Stunden Teenagern gegenübersitze, deren Herzen zermalmt und deren Gedanken verdorben worden sind – aufgrund sexuellen Missbrauchs. Ich kann dir nicht sagen, wie viele Male ich mit Teenagern gesprochen habe, die in irgendeiner Weise von ihren Vätern, Stiefvätern, Brüdern oder den Freunden ihrer Mütter sexuell missbraucht worden waren. Es ist herzzerreißend! Ein Mädchen erzählte mir, dass sie vom Freund ihrer Mutter vergewaltigt wurde und jetzt mit den schrecklichen Folgen von Aids leben muss. Ein anderes Mädchen erzählte, dass sie von ihrem Stiefvater vergewaltigt wurde; sie wurde nicht nur schwanger, sondern ihre Mutter zwang sie zur Abtreibung. Wir müssen begreifen, dass jedes Mal, wenn Kinderpornografie online gezeigt wird, das Leben eines Kindes zerstört worden ist – jedes Mal! Das Leben eines Kindes wurde ruiniert! Ja, und es könnte deine kleine Schwester sein oder dein kleiner Bruder. Eines Tages könnte es dein Sohn oder deine Tochter sein. Und trotzdem gibt es so viele bekennende Christen, die derartig Lasterhaftes herunterladen.

Die finstere Seite des Internets ist zu einem Jagdrevier geworden, in dem perverse Männer auf die Pirsch gehen – ein Spielplatz für Kinderschänder. Polizeidienststellen und Nachrichtenagenturen wissen das wohl; viele Mütter und Väter scheinen davon jedoch keine Ahnung zu haben. Im Buch *Safety Net: Guiding and Guarding Your Children on the Internet* trägt Kapitel 4 die Überschrift "Warum ist das Internet ein Spielplatz für Pädophile?"[6] Ein Artikel von ABC News mit der Überschrift „Internet-Pädophile auf der Pirsch" beschreibt, wie sich ein verdeckter Ermittler im Internet als Produzent von Kinderpornos ausgab. Er ging zu einem Chatroom, wo Männer kinderpornografisches Material untereinander austauschen, und traf dort einen 21-jährigen Studenten, der (stell dir das vor!) im Kindergarten arbeiten wollte. Diese Männer treffen sich in Chatrooms, senden sich gegenseitig ihre Bilder zu und fördern in diesem Fall den weiteren Missbrauch von Kindern durch die erhöhte Nachfrage nach neuen Bildern.[7] Unglaublich! Hast du eine Vorstellung davon, wie moralisch verdorben Menschen werden können?

---

[6] Zachary Britton, *Safety Net: Guiding and Guarding Your Children on the Internet* (Eugene, OR: Harvest House, 1998).

[7] Michael J. Martinez, „Stalking Internet Pedophiles", *ABCNEWS.com*, 2. September 1998, http://more.abcnews.go.com/sections/tech/dailynews/pedophiles0217.html.

Viele Menschen sind schockiert, wenn sie hören, dass Schätzungen zufolge ungefähr jedes dritte Mädchen und jeder siebte Junge vor dem Erreichen des 18. Lebensjahres sexuell belästigt wird. Der typische Serientäter, der Kinder belästigt, wird im Laufe seines Lebens mehr als 360 Opfer missbrauchen. Er ist in der Lage, 30 bis 60 Kinder zu missbrauchen, bevor er das erste Mal geschnappt wird.[8]

Den Behörden ist es nichts Neues, dass sich die Mehrheit der überführten Kinderschänder regelmäßig mit Pornografie beschäftigt.[9] Viele Menschen sagen: „Was soll's? So etwas wird mir nie passieren. Wo ich lebe, ist das absolut kein Problem." In einer Veröffentlichung von Focus on the Family erläutert eine Mutter, wie sich die finstere Seite des Internets auf ihre Familie und ihr Leben auswirkte. Sie schreibt:

Ich war immer der Ansicht, dass Pornografie schlimm war, dass sie schändlich war. Aber ich dachte, dass es etwas war, das mich persönlich nicht betraf. Keiner in meiner Familie hatte je mit Pornografie zu tun. In der Familie meines Mannes beschäftigte sich niemand mit Pornografie. Wir leben in einer kleinen Ortschaft, wo jeder den anderen kennt. Pornografie ist dort kein Thema. Im Grunde genommen fühlte ich mich total sicher vor ihren Auswirkungen. Im April vor einem Jahr wurde meine Welt total erschüttert – durch die Auswirkungen von Pornografie. Meine dreijährige Tochter wurde von einem zwölfjährigen Jungen vergewaltigt und unvorstellbar misshandelt. Als der Junge verhaftet wurde, sagten sie uns, dass sie sicher waren,

---

[8] Gene Abel, zitiert in „Battle Against Pornography", *The Parsonage*, 1999, http://www.family.org//pastor/resources/sos/a0006443.html.

[9] Tim Graham, „House Members Are Lining Up with Anti-Child Porn Bill", *World*, 25. Mai 2002, http://www.worldmag.com/world/issue/05-25-02/national_1.asp.

dass sie in seiner Vergangenheit auf sexuellen Missbrauch stoßen würden. Und dass dies der Grund war, dass er meine Tochter missbrauchte. Nach einer gründlichen Untersuchung und Auswertung kamen sie zu einem Schluss. Es gab einen einzelnen Faktor, der ihn zu der Tat an meiner Kleinen motivierte. Er hatte früh in seinem Leben Pornografie zu sehen bekommen. Durch das, was er auf jenen Seiten sah, kam er nicht nur auf Ideen, was er tun konnte und wie er es tun konnte, sondern er glaubte auch, dass er deswegen Mädchen auf entwürdigende und erniedrigende Weise behandeln durfte. Da er nur 12 Jahre alt war, hielt er Ausschau nach einem jüngeren Opfer, das sich nicht wehren konnte. Und so vergewaltigte und misshandelte er meine Tochter. Ich habe gehört, wie jemand sagte, dass Pornografie ein Verbrechen ohne Opfer sei. Ich stehe hier als ein Opfer von Pornografie.[10]

Wie dich die Hersteller von Pornografie in die Falle locken wollen

Teenager haben mir gegenüber zugegeben, dass freier, ungefilterter, unbegrenzter Zugang zum Internet, besonders zur finsteren Seite des Internets, eines der größten Probleme ist, mit denen sie zu kämpfen haben.

> Hersteller von Pornografie machen Jagd auf die lasterhaften Begierden, die in uns allen stecken.
> (vgl. Jakobus 1,14)

Ich will jetzt die Gefahren näher erläutern. Die Hersteller von Pornografie wollen nur Geld. Du bist ihnen egal. Gott ist ihnen egal. Hersteller von Pornografie wissen, dass sie sich nur mit jener hässlichen Klaue der Pornografie jemanden, der neugierig oder unschuldig ist, greifen müssen – und schon haben sie dich! Du sitzt in der Falle. Sie machen Jagd auf die lasterhaften Begierden, die in uns allen stecken. Ich sprach kürzlich mit einem Jungen im Teenageralter, der online eine Hausaufgabe zu erledigen hatte; seine Mutter saß neben ihm. Er und seine Mutter haben keine Ahnung, wie das pornografische Bild plötzlich auf den Bildschirm kam – aber da war es. Sie schalteten sofort den Bildschirm aus und starteten den Computer neu. Der Vierzehnjährige sagte mir, dass er zuvor und auch seitdem nie etwas Derartiges gesehen hatte – aber jetzt wollte er es sehen. Er sah das Bild nur ein einziges Mal und nun saß es in seinen Gedanken fest und gab ihm ein Verlangen nach mehr. Es kann sein, dass du einfach nur am Computer Ergebnisse überprüfen möchtest oder eine Arbeit für die Schule schreibst, und plötzlich ist etwas auf dem Bildschirm, wovon du weißt, dass es sündhaft ist. Vielleicht erscheint ein unanständiges Pop-Up oder du klickst, ohne dass es dir bewusst ist, einen Link zu einer schlechten Seite an. Du sagst vielleicht sogar: „Mann, ist das übel!" Aber am nächsten Tag willst du es wieder sehen – und noch mehr davon. Eine so große Anziehungskraft hat dieser Müll.

---

[10] "Diane", zitiert in "Fact Sheet: Pornography's Permeation in a Sexually-Saturated Society", *The Parsonage,* 1999, http://www.family.org/pastor/resources/sos/a0006443.html.

Was machen also die Hersteller von Pornografie? Sie versuchen, das Herz eines Teenagers durch Hightech-Verlockung gefangen zu nehmen. Sie haben versucht, Websites zu verwenden, die aussehen wie das, wonach du suchst, bis du sie anklickst und plötzlich erkennst, dass du am falschen Ort bist. Diese Hersteller kennen die wichtigsten Sites, die Kinder oder Jugendliche in ihrer Freizeit oder für ihre Hausaufgaben aufsuchen, und wollen sie dazu verleiten, falsche Links anzuklicken. Einige von ihnen haben die häufigsten Rechtschreibfehler und Wortstellungen studiert; du brauchst dich also nur vertippen oder eine Internetadresse falsch eingeben – und schon kommt der Schmutz auf den Bildschirm![11]

Verfügbarkeit von gewaltverherrlichender Unterhaltung

> *Da sprach er zu mir: Hast du das gesehen, Menschensohn? Ist es dem Haus Juda zu wenig, die Gräuel zu tun, die sie hier verüben,* ***dass sie auch das Land mit Frevel erfüllen*** *und mich immer wieder zum Zorn reizen? Und siehe, sie halten grüne Zweige an ihre Nase! (Hesekiel 8,17)*

Hesekiel 8,17 erwähnt, dass das Haus Juda *das Land mit Frevel erfüllte*. Wenn gewalttätiges Verhalten, das absolut keine Rücksichtnahme auf menschliches Leben vermittelt, zu unserer täglichen Unterhaltung wird, sind wir nicht weit von der Mentalität, die in der römischen Kultur vorherrschte, entfernt. Nahezu jede Art und Form von Gewalt kann online gefunden werden – vom Bauen von Bomben bis hin zur Mitgliedschaft in terroristischen Vereinigungen überall in der Welt.

Computerspiele wie Doom und Duke Nukem erhielten viel Werbung durch die Amokläufe in den Highschools in Peducah, Kentucky (Dezember 1997) und Littleton, Colorado (April 1999). Die Jungs, die in die Amokläufe verwickelt waren, spielten nicht nur diese Spiele, sondern verschafften sich über das Internet auch Zugang zu Informationen zum Bau von Bomben. Sowohl die realistische Gewaltdarstellung als auch der unglaublich gottlose Inhalt von Spielen dieser Art haben dazu beigetragen, dass Kinder und Jugendliche empfindungslos geworden sind und denken, dass Gewalt nur eine andere Art von Spaß ist. Das Spiel Postal 2 beinhaltet, dass Spieler „ausrasten" und Punkte erhalten, wenn sie unbeteiligte Zuschauer und Polizeibeamte töten.

Gott hasst Gewalt! Er hat Gewalt immer gehasst. Als Gott betrübt war wegen der Bosheit der Menschen, war die Gewalt, mit der die Erde erfüllt war, der Anlass zur Zerstörung der Welt durch die Sintflut.

> **Gott hasst Gewalt!**

---

[11] „Fact Sheet #7: Is Pornography So Easy to Find on the Internet?", www.enough.org/New. Porn.on.net.html (eingesehen am 24. November 2003). Zusätzliche Informationen gibt es unter www.enough.com und www.protectkids.com.

Aber die Erde war verderbt vor Gott und erfüllt mit Gewalttat. Und Gott sah die Erde an, und siehe, sie war verderbt; denn alles Fleisch hatte seinen Weg verderbt auf der Erde. Da sprach Gott zu Noah: Das Ende alles Fleisches ist bei mir beschlossen; denn die Erde ist durch sie mit Gewalttat erfüllt, und siehe, ich will sie samt der Erde vertilgen! (1. Mose 6,11-13)

Durch deine vielen Handelsgeschäfte ist dein Inneres mit Frevel erfüllt worden, und du hast gesündigt. Darum habe ich dich von dem Berg Gottes verstoßen und dich, du schützender Cherub, aus der Mitte der feurigen Steine vertilgt. (Hesekiel 28,16)

Gott fragt Hesekiel in Hesekiel 8,17:

Ist es dem Haus Juda zu wenig, die Gräuel zu tun, die sie hier verüben, dass sie auch das Land mit Frevel erfüllen und mich immer wieder zum Zorn reizen?

Ist es *zu wenig*, ist es keine große Sache, ist es uns egal, dass wir uns das, was Gott hasst, für unseren Zeitvertreib aussuchen? Diejenigen, die sich Gewaltverherrlichendes zum Spaß oder zur Unterhaltung ansehen, sind wie die Menschen in der Zeit Hesekiels, die *Gott zum Zorn reizten*. Denke immer an die Ermahnung des Verfassers von Hebräer 10,31, wo es heißt: „*Es ist schrecklich, in die Hände des lebendigen Gottes zu fallen!"*

IHRE PRIVATSPHÄRE

4

Da sprach er zu mir: Menschensohn, hast du gesehen, was die Ältesten des Hauses Israel im Finstern tun, jeder in seinen Bilderkammern? Denn sie sagen: Der HERR sieht uns nicht; der HERR hat dieses Land verlassen! (Hesekiel 8,12)

„Niemand wird je herausfinden, was ich tue. Ich kann meine Spuren verwischen. Wirklich, wer soll's wissen? Ich bin hier ganz alleine zu Hause; keiner beobachtet mich; ich weiß Bescheid, wie ich alles löschen kann. Habe ich nicht ein Recht auf meine Privatsphäre in meinem eigenen Zuhause?"

Leute werden es herausfinden

Es gibt keine Privatsphäre. Das Internet bietet nur ein falsches Gefühl von Privatsphäre. Irgendwo und irgendwann werden diejenigen, die in diese Sünde verwickelt sind, entdeckt werden.

Ein Junge im Teenageralter kam auf mich zu und als er fragte, ob wir reden könnten, brach er in Tränen aus. Er hatte den größten Spaß daran, sich nach der Schule nach Hause zu schleichen und dort seinen Vater im Büro zu erschrecken. Er schlich sich immer ganz leise von außen ans Fenster heran, klopfte laut an die Scheibe und machte Lärm – wobei sein Vater immer einen furchtbaren Schreck bekam. Eines Nachmittags nach der Schule wollte der Junge dies wieder tun; dieses Mal jedoch schaute er zuerst durch das Fenster auf den Bildschirm, an dem sein Vater saß, und konnte einfach nicht glauben, was er da sah. Er wusste, dass es irgendein Pop-Up sein musste, und wartete darauf, dass sein Vater es sogleich entfernen würde. Stattdessen öffnete dieser immer mehr schmutzige Seiten. Der Junge wusste nicht so recht, was er tun sollte, und lief zu seiner Mutter ins Haus; beide gingen dann zum Büro, dessen Tür versperrt war. Bis sie schließlich hineinkonnten, war der Computer ausgeschaltet und der Vater des Jungen stritt alles ab. Als mir der Junge diese tragische Geschichte erzählte, blickte er zu mir auf und sagte: „Das Problem ist: er ist nicht nur

> Deine heimlichen Sünden sind gar nicht so heimlich wie du denkst.

mein Vater; er ist auch mein Pastor und ich weiß nicht, was ich tun soll." Es gibt keine Privatsphäre. Löschen bedeutet nicht löschen. Deine heimlichen Sünden sind gar nicht so heimlich wie du denkst.

Ich sprach einmal mit einer Mitarbeiterin der Kriminalpolizei, die für die Bearbeitung der Sittlichkeitsverbrechen in ihrem Bereich zuständig ist. Sie sagte, dass die Liste derjeniger, die erwischt wurden, so lange sei, dass sie gar nicht wüssten, wie sie jeden einzelnen Fall bearbeiten sollten. Sie erwähnte auch, dass sie früher immer herausfanden, dass die Täter in ihrer Vergangenheit sexuell missbraucht worden waren. Jetzt sei in fast allen Fällen Pornografie im Internet die Motivation zur Tat.

Als ich einmal bei einer Männerfreizeit predigte, hörte ich die Geschichte eines sehr erfolgreichen Geschäftsmannes, der, während er online arbeitete, versucht wurde. (Dieser Mann war Leiter in einer christlichen Gemeinde und hatte Familie.) Anstatt der Versuchung zu widerstehen, klickte er die Website an, sah sich einige Minuten lang die Pornografie an und kehrte später zur selben Website zurück. Was er nicht wusste, war, dass seine Firma die Internetaktivitäten der Angestellten überwachte. Da diese Firma Pornografie grundsätzlich nicht duldete (was bei allen Firmen der Fall sein sollte), verlor der Mann seine gut bezahlte Arbeitsstelle. Hier hörte es nicht auf. Es führte auch zu Konsequenzen in seiner Familie und in der Gemeinde.

Heimliche Sünden sind gar nicht so heimlich wie viele denken. Vergiss nicht: kein Gläubiger *muss* sündigen und diesen Versuchungen nachgeben. Ein junger Jugendpas-

tor erzählte mir, dass, während er online für eine Predigt recherchierte, plötzlich Obszönes auf dem Bildschirm zu sehen war. Er wusste nicht, was er tun sollte, und rief nach seiner Sekretärin. Sie kam ins Zimmer gerannt und beide begannen, alles im Büro auszustecken – ja, den Computer, das Kopiergerät, alle Telefone, die Kaffeemaschine – alles. Wenn das vielleicht auch ein bisschen extrem war, so wussten die anderen in dieser Gemeinde doch, dass der Jugendpastor nichts zu verheimlichen versuchte. Als er mit Versuchung konfrontiert wurde, floh er wie Joseph auf dem einzigen Weg, den er kannte.

Ein siebzehnjähriges Mädchen kam zu mir und fragte, ob wir reden könnten. Als ich sie fragte, worum es ging, begann sie gleich zu weinen. Unter Tränen erzählte sie diese Geschichte:

Vor einigen Wochen checkte ich meine E-Mail – und jeder weiß, wie man manchmal nur einen oder zwei Buchstaben eingibt, und schon erscheinen die Internetadressen. Genau das tat ich und als ich „Bestätigen" drückte, konnte ich nicht glauben, was auf dem Bildschirm zu sehen war. Es war schlimmer und schmutziger als alles, was ich mir je hätte vorstellen können. Ich wurde so wütend. Ich wusste, mein Vater konnte es nicht sein. Er war Diakon in unserer Gemeinde und unterrichtete an einer christlichen Schule. Ich wusste, dass es nicht meine Mutter war; sie weiß nicht einmal, wie man den Computer neu startet. Ich glaubte nicht, dass es meine ältere Schwester war, die an einer christlichen Uni studierte, aber sie war an einigen Wochenenden zu Hause gewesen. Ich dachte, dass es meine Freundin gewesen sein musste, die ein Wochenende bei uns verbracht hatte. Ich rief also diese Freundin an und machte ihr heftige Vorwürfe, dass sie etwas Derartiges mit unserem Computer gemacht hatte. Meine Freundin sagte: „Ich war das nicht." Ich wartete zwei Wochen, bis meine Schwester nach Hause kam, und konfrontierte sie. Sie schaute mich einfach nur an und sagte: „Ich hab' das nicht gemacht." Ich weiß jetzt nicht, was ich glauben soll ... aber es muss mein Vater sein.

Ich fragte das Mädchen, ob sie mit ihrem Vater sprechen könnte. Sie sagte: „Nein." Ich fragte sie, ob sie wollte, dass ich mit ihm redete. Sie antwortete: „Könntest du das bitte tun?" An jenem Abend saß ich also in meinem Büro und rief bei ihm zu Hause an. Ich gab ihm keine Zeit, sich zu verteidigen oder Ausreden zu erfinden, und erzählte ihm im Grunde genommen nur dieselbe Geschichte, die ich von seiner Tochter gehört hatte – wie sie mit allen Kräften versucht hatte zu beweisen, dass er es nicht sein konnte. Als ich damit fertig war, sagte ich: „Entweder schleicht sich jemand mitten in der Nacht in Ihr Haus und schaut sich diesen Schmutz an Ihrem Computer an oder Sie haben ein Problem." Lange Zeit sagte er nichts und schließlich antwortete er: „Viele Jahre lang hatte ich Probleme mit sündhaften Gedanken. Und   jetzt ist es zu einfach."

Da ist keine Privatsphäre, überhaupt keine. Ich bin kein Computerfreak, aber ich weiß doch, dass es viele Möglichkeiten gibt, wie ein Computer aufzeichnen kann, wo du gewesen bist und was du dir angeschaut hast. Websites können Besucher registrieren und Informationen über sie sammeln. Du sagst: „Das betrifft mich nicht. Ich weiß, wie ich alle temporären Internetdateien und Cookies löschen kann." Nur zu! Such dir doch gleich den größten Vorschlaghammer, den du finden kannst, und zerhaue damit deinen Computer in tausend Stücke und versenk ihn im tiefsten See in der Umgebung; deine Spuren können immer noch verfolgt werden. Dein Internet-Service-Provider weiß, wo du gewesen bist. Es gibt keine Privatsphäre.

Zach wusste nicht, dass auch sein ISP Aufzeichnungen hatte.

Du sagst vielleicht: „Na und? Wen stört's? Wen kümmert das schon? Das interessiert doch keinen." Doch. Satan. Der Teufel will dich nicht nur in die Falle locken, sondern er will dich auch bloßstellen. Wenn es ihm gelingt, dass ein Christ schwach und lasterhaft erscheint, sagt er damit der Welt, dass der Christ nicht einem sehr mächtigen Gott dient. Er zeigt einer ungläubigen Welt, dass Gottes Heiligkeit jenem Christen überhaupt nichts bedeutet. Er will, dass Gott vor der Welt als großer Narr dasteht.

Gott weiß es

Viele denken heute wie jene in Hesekiel 8,12: „Denn sie sagen: Der HERR sieht uns nicht; der HERR hat dieses Land verlassen!" Gott hat seine Augen woanders. Es ist ihm egal, was ich mache. Mit der Welt hat er genügend zu tun; was soll Er sich da um mich kümmern.

Schau dir Hesekiel 8,12 nochmals an. „Da sprach er zu mir: Menschensohn, hast du gesehen, was die Ältesten des Hauses Israel im Finstern tun, jeder in seinen Bilderkammern? Denn sie sagen: Der HERR sieht uns nicht; der HERR hat dieses Land verlassen!" Dies erschreckt vielleicht einige und macht andere ärgerlich, aber es gibt keine Privatsphäre.

Lies die folgenden Verse dreimal langsam durch. *Denke,* damit du verstehen kannst, was Gott über jene sagt, die versuchen, ihre Sünde im Finstern zu verbergen. *Konzentriere dich,* damit du erkennst, was Gott über heimliche Sünden sagt. *Sinne über die Verse nach,* damit du sehen kannst, dass es keine Privatsphäre gibt – überhaupt keine.

> *Denn die Augen des HERRN durchstreifen die ganze Erde, um sich mächtig zu erweisen an denen, deren Herz ungeteilt auf ihn gerichtet ist. Du hast hierin töricht gehandelt; darum wirst du von nun an Krieg haben! (2. Chronik 16,9)*

> *Das Auge des Ehebrechers wartet auf die Dämmerung; er spricht: „Kein Auge soll mich sehen!" und verhüllt sein Angesicht. (Hiob 24,15)*

> *Es gibt keine Finsternis und keinen Todesschatten, wo die Übeltäter sich verbergen könnten. (Hiob 34,22)*

> *Du hast unsere Missetaten vor dich hingestellt, unser geheimstes Tun in das Licht deines Angesichts. (Psalm 90,8)*

> *Und dann sagen sie: „Der HERR sieht es nicht, und der Gott Jakobs achtet nicht darauf!" Nehmt doch Verstand an, ihr Unvernünftigen unter dem Volk! Ihr Toren, wann wollt ihr einsichtig werden?*

Der das Ohr gepflanzt hat, sollte der nicht hören? Der das Auge gebildet hat, sollte der nicht sehen? (Psalm 94,7-9)

Denn die Wege eines jeden liegen klar vor den Augen des HERRN, und er achtet auf alle seine Pfade! (Sprüche 5,21)

Die Augen des HERRN sind überall, sie erspähen die Bösen und die Guten. (Sprüche 15,3)

Denn Gott wird jedes Werk vor ein Gericht bringen, samt allem Verborgenen, es sei gut oder böse. (Prediger 12,14)

Wehe denen, die [ihren] Plan vor dem HERRN tief verbergen, damit ihre Werke im Finstern geschehen, die sprechen: Wer sieht uns, oder wer kennt uns? (Jesaja 29,15)

Denn meine Augen sind auf alle ihre Wege gerichtet; sie sind nicht verborgen vor meinem Angesicht, und ihre Schuld ist nicht verhüllt vor meinen Augen. (Jeremia 16,17)

Oder kann sich jemand so heimlich verbergen, dass ich ihn nicht sehe? spricht der HERR. Erfülle ich nicht den Himmel und die Erde? spricht der HERR. (Jeremia 23,24)

Denn nichts ist verborgen, das nicht offenbar gemacht wird, und nichts geschieht so heimlich, dass es nicht an den Tag kommt. (Markus 4,22)

Denn die Augen des Herrn sehen auf die Gerechten, und seine Ohren hören auf ihr Flehen; das Angesicht des Herrn aber ist gegen die gerichtet, die Böses tun. (1. Petrus 3,12)

Auch wenn die Welt es nie weiß, auch wenn deine Mutter und dein Vater nie herausfinden werden, was du im Finstern gemacht hast, auch wenn eines Tages dein Mann oder deine Frau keinerlei Verdacht hegen, auch wenn dein Boss keine Ah-

Gott weiß es!

nung hat, auch wenn du es vor denen verborgen hältst, die dich am meisten respektieren, *Gott weiß es!* Er ist es, gegen den du sündigst! Es ist Seine Heiligkeit, die du vergisst. Vergiss nie die wachsamen Augen Gottes – gemäß Seinem Wort.

Gott sieht das Herz

von Ron Hamilton und Jamie Langston Turner

Gott misst uns als Mensch mit dem Maßstabe Sein',
Denn Er sieht durch und durch jedes äuß're Design.
Er schaut nicht auf Güter und prächtige Zier;
Er prüft nur das Herz, was es denkt und begiert.

Gott geht nicht danach, wie groß wir erschein'
Oder was wir besitz'n, welchen Rang wir nehm'n ein.
Sein Blick geht viel tiefer zu dem, was soll sein;
Denn Er ehrt den Mensch', der hält sein Herz rein.

Denn die Augen des Herrn, sie streifen hin und her.
Sie sehen alles, auch das, was wir verberg'n.
Denn Er kennt die Gedanken, Er versteht sie gar sehr.
Der Mensch sieht das Äuß're, doch Gott sieht das Herz.

Da sprach er zu mir: Hast du das gesehen, Menschensohn? Ist es dem Haus Juda zu wenig, die Gräuel zu tun, die sie hier verüben, dass sie auch das Land mit Frevel erfüllen und mich immer wieder zum Zorn reizen? Und siehe, sie halten grüne Zweige an ihre Nase! So will denn auch ich in meinem grimmigen Zorn handeln; mein Auge soll sie nicht verschonen, und ich will mich nicht über sie erbarmen; und wenn sie mir auch mit lauter Stimme in die Ohren schreien, so werde ich sie doch nicht erhören! (Hesekiel 8,17-18)

Keiner kann sündigen und dabei gewinnen! Wir können uns unsere Sünde aussuchen, aber wir können uns nicht die Folgen unserer Sünde aussuchen. Spiel mit dem Feuer und du wirst dich verbrennen. Spiel dieses Spiel und du wirst verlieren: du wirst dein Zeugnis für den Herrn Jesus Christus verlieren ... du wirst das Vertrauen deiner Eltern verlieren ... du wirst die Reinheit deiner Gedanken verlieren ... du wirst das Vertrauen deines zukünftigen Mannes bzw. deiner zukünftigen Frau verlieren ... du wirst die enge Beziehung zum Herrn verlieren ... du wirst verlieren!

Internet-Beziehungen

Während Satan visuelle Bilder einsetzt, um Männer anzuziehen und anzugreifen, ködert er Frauen und Mädchen mit Fantasiebeziehungen, um sie zu zerstören. Die Anzahl unangemessener Beziehungen nimmt ständig zu. Denke an einige der gottlosen jungen Mädchen in den tragischen und elenden Begebenheiten, von denen das Alte Testament berichtet: Lots Töchter und Gomer. Keine dieser Situationen scheint aus plötzlicher Leidenschaft heraus entstanden zu sein; sie waren alle vorsätzlich geplant worden – mit dem Ziel, die Lebensumstände, in denen sich die Betreffenden befanden, zu ändern.

> Keiner kann sündigen und dabei gewinnen! Du wirst verlieren!

Wir wollen jetzt ein paar Minuten über E-Mails und Chatrooms nachdenken. In einem Artikel von *U.S. News & World Report* heißt es wie folgt: „Fünf Mädchen sitzen nebeneinander in der Bücherei einer Realschule in Baltimore und tippen eifrig an ihren

Computern; ihr Blick ist dabei starr auf den Bildschirm gerichtet. ‚Wir e-mailen uns gegenseitig‘, platzt die eine heraus. Natürlich könnten sie sich auch einfach so unterhalten; aber Chatten im virtuellen Raum ist viel besser.“[12] Es ist irgendwie aufregend, wenn man am Computer sitzt und Freunden eine Mail nach der anderen schickt. Jener Artikel stellt außerdem fest: „Ein Großteil der 403 Millionen IMs, die jeden Tag hinausgehen, werden von Kindern versendet, die auf diesem Wege diskutieren, wer cool ist ... und dergleichen.“[13]

Kommunikation hat ein neues Niveau erreicht – durch IMs (Instant Messages), E-Mail, Online-Unterhaltung und wahrscheinlich zehn weitere neue Kommunikationswege, noch bevor dieses Buch veröffentlicht wird. Es ist eine total neue Welt der Kommunikation, die sich jeden Tag ändert und die auch sehr gefährlich ist.

Bei all den Forschungen, die mir bis jetzt vorliegen, habe ich absolut *nichts* gefunden, was an öffentlichen Chatrooms gut wäre.

- Du weißt nicht, mit wem du es zu tun hast.
- Du weißt nicht, wann du angelogen wirst.
- Du triffst Leute, mit denen du im wirklichen Leben nie herumhängen würdest.
- Du sagst Dinge, die du sonst nie sagen würdest.
- Du kannst leicht in Unterhaltungen verwickelt werden, ohne erkennen zu können, worauf diese hinauslaufen.
- Du verschwendest massenhaft Zeit.

---

[12] Marc Silver und Joellen Perry, "Youngsters Get Hooked on Instant Messages", *U.S. News & World Report*, 22. März 1999.

[13] ibd.

Ich erhielt kürzlich von einem besorgten Jungen im Teenageralter diese E-Mail:

> *Vor ein paar Monaten ertappte ich meinen Vater, als er mit irgendeiner Frau übers Internet chattete. Als ich ein bisschen nachforschte, fand ich heraus, dass er ihr elektronische Grußkarten geschickt hatte, die ziemlich schmeichlerisch waren. Ich sprach ihn darauf an und er sagte, dass er einen Fehler gemacht habe und dass das jetzt vorüber sei. Ich glaubte ihm. Letzte Woche ging ich am Computer vorbei und sah, dass er jemandem eine E-Mail schrieb. Rand, ich weiß nicht, was ich tun soll. Meine Eltern sind beide gläubig und sie haben mich gut erzogen. Ich habe meinen Vater von Herzen lieb und ich will ihn nicht wegen irgendeiner Dummheit verlieren.*

Ein Artikel in *U.S. News & World Report* mit der Überschrift "Samstagabend und du bist ganz allein?" beschreibt, wie Chatten und Online-Romanzen ein Leben verändern können.

> *[Frage:] Was ist der Unterschied zwischen Verabredungen im Internet und wenn man jemanden persönlich irgendwo trifft?*
> *[Antwort:] Es ist total anders. Im virtuellen Raum ist jeder groß, schlank, blond und reich – zumindest in der Theorie ...*
> *[Frage:] Ich traf diese Frau vor zwei Monaten im Internet. Sie glaubt, dass ich „Cowboy" bin, ein waghalsiger Hollywood Stuntman. Aber in Wirklichkeit bin ich nur ein ruhiger, schmächtiger Buchhalter. Jetzt will sie mich persönlich treffen. Hilfe!*[14]

In der Zeitschrift *The New Yorker* gab es in der Ausgabe vom 15. Juli 1993 auf Seite 61 eine berühmte Karikatur: ein räudig aussehender Hund sitzt am Computer und kommuniziert fleißig übers Internet. Darunter steht: „Im Internet weiß niemand, wer du in Wirklichkeit bist."

> *Online-Romanzen können eine Ehe sehr belasten, manchmal so sehr, dass sie in die Brüche geht. Eine attraktive, berufstätige Frau, ca. Mitte 30, vergleicht Chatrooms mit der Versuchung durch Drogen. Ihr Mann war vier Monate lang in eine heimliche Internet-Romanze mit einer verheirateten Frau aus einem anderen Bundesstaat verwickelt, was ihre zehnjährige Ehe fast ruinierte ... Als sie ihn fragte, warum die Kosten fürs Internet monatlich mehr als $ 200 betrugen, gab ihr Mann zur Antwort: „Ich habe mich in die perfekte Frau verliebt und ich werde dich verlassen." Seine „wahre Liebe" wollte ihren Mann ebenfalls verlassen, aber dann kam alles anders – nach der ersten Verabredung. „Jeder von ihnen dachte, dass der andere der Traumpartner wäre – bis sie sich zum ersten Mal sahen", sagt die Frau. Ihr Mann bat sie*

---

[14] Beth Brophy, "Samstagabend und du bist ganz allein?", *U.S. News & World Report*, 17. Februar 1997.

flehentlich darum, wieder zu ihr zurückkehren zu können. Sie gab nach und jetzt gehen sie beide zur Eheberatung.[15]

Nahezu jede Woche höre ich von einer weiteren traurigen Situation, wo Leben durch die Verstrickung in die finstere Seite des Internets zerstört werden. Hier ist eine solche Begebenheit. Wir nennen das Mädchen Karla:

Karla war ein großartiges Mädchen. Sie wurde zu Hause unterrichtet und beteiligte sich aktiv in ihrer Gemeinde. Sie war sehr scheu und ließ sich nicht mit Jungs ein. Ihre Eltern hatten nie Probleme mit ihr. Karlas Vater wachte eines Nachts um drei auf und wusste, dass etwas nicht in Ordnung war. Er ging in Karlas Zimmer und sie war nicht da. Er machte sich Sorgen und weckte seine Frau. Sie beteten zusammen und dann wollten sie bei der Polizei anrufen, weil sie nicht wussten, was sie tun sollten. Als sie gerade den Hörer abnehmen wollten, um zu telefonieren, hörten sie, wie unten die Haustür aufging. Karla kam die Treppe hoch und was sie dann erfuhren, konnten sie einfach nicht glauben. Weil es mit Karla nie Probleme gab, durfte sie im Internet surfen und zu Chatrooms gehen – ohne Filter, total unbeaufsichtigt. Da sie so scheu war, fiel es ihr sehr schwer, mit Jungs zu reden. Online wurde sie jedoch ziemlich forsch und traf einen Jungen, mit dem sie gerne chattete. Eine Zeit lang war sie clever genug, dass sie ihm nichts über sich selbst erzählte oder wer sie war. Aber dann gelangten sie zu dem Punkt, wo sie einander Fragen stellten, wie zum Beispiel: „Magst du mich? Ich mag dich. Es hat Spaß gemacht, mit dir zu reden." Ihre Unterhaltungen wurden sehr schmutzig und gottlos. Schließlich überredete er sie dazu, ihm ihre Telefonnummer zu senden, sodass sie sich treffen konnten. Das Problem war, dass der „Junge" ein neunundzwanzigjähriger, verheirateter Mann war. Aber weil sie sich so lange unterhalten und eine solche Freundschaft aufgebaut hatten, war sie damit einverstanden, ihn zu sehen. Weil sie außerdem über so viel Schmutziges geredet hatten, fiel es ihm nicht schwer, sie zu überreden, mit ihm ins Bett zu gehen, was sie auch tat. Es ist offensichtlich, dass dies alles den Eltern das Herz brach.

Abhängigkeit vom Internet

Sünde hat einen hohen Preis. Online-Sünden tragen ein Preisschild, das nicht sichtbar ist. Der Missbrauch des Internets zerstört nicht nur Familien und unschuldige Opfer, sondern führt durch seine unglaublich große Macht auch zur Abhängigkeit. Es gibt viele Bezeichnungen für diejenigen, die vom Web abhängig sind – Cyberfreaks, Webaholics, Chat-Junkies und PC-Hocker.

---

[15] ibd.

Das Internet hat sich auch am Arbeitsplatz störend ausgewirkt und jetzt schlagen Unternehmen auf der ganzen Welt zurück.

Christen können es sich nicht leisten, ihre Begierden als Bagatelle abzutun: Verlangen dieser Art machen sie anfällig für Versuchungen von außen, was zur Sünde und letztendlich zum Tod führt. Wenn du sagst, dass du über diesen Dingen stehst, betrügst du dich selbst; Selbstbetrug ist von sündhaften Herzen zu erwarten (Jeremia 17,9; 1. Johannes 1,8-10). Was heute ein kleines bisschen Begierde ist, kann morgen dein Ruin sein. Jakobus schreibt:

> *Sondern jeder Einzelne wird versucht, wenn er von seiner eigenen Begierde gereizt und gelockt wird. Danach, wenn die Begierde empfangen hat, gebiert sie die Sünde; die Sünde aber, wenn sie vollendet ist, gebiert den Tod. (Jakobus 1, 14-15)*

Gott vergibt, aber Er verspricht nicht, dass Er die Folgen der Sünde beseitigen wird.

Gott vergibt, aber Er verspricht nicht, dass Er die Folgen der Sünde beseitigen wird. Sünde tut weh. Sünde bringt Konsequenzen mit sich, die uns für den Rest unseres Lebens verfolgen werden. Der Preis, den jeder zahlen muss, der sich mit dem befasst, was Gott hasst, ist letztendlich Gottes Missfallen und Zorn. Dieser Preis ist einfach zu hoch.

IHRE PRÄVENTION

6

Und ich schaute, und siehe, eine Gestalt, die aussah wie Feuer; von seinen Lenden abwärts war er anzusehen wie Feuer, von seinen Lenden aufwärts aber war er anzusehen wie ein Lichtglanz, gleich dem Anblick von Goldschimmer. Und er streckte etwas wie eine Hand aus und ergriff mich bei dem Haar meines Hauptes, und der Geist hob mich empor zwischen Himmel und Erde und brachte mich in Gesichten Gottes nach Jerusalem, an den Eingang des inneren Tores, das nach Norden schaut, wo ein Götzenbild der Eifersucht, das die Eifersucht [Gottes] erregt, seinen Standort hatte. Und siehe, dort war die Herrlichkeit des Gottes Israels, in derselben Gestalt, wie ich sie im Tal gesehen hatte. (Hesekiel 8,2-4)

Was kannst du tun? Wie kannst du verhindern, dass dich eine solche Verderbtheit zerstört? Was ist die Prävention gegen die finstere Seite des Internets? Betrachte zuerst diesen Satz aus dem obigen Abschnitt: „Und siehe, dort war die Herrlichkeit des Gottes Israels." Betrachte, schaue, beobachte, lerne über, konzentriere dich auf die *Herrlichkeit Gottes!* Gottes Herrlichkeit umfasst alles, was Er ist, Seine Kraft, Seine Barmherzigkeit, Seine Macht, Seine Stärke, Seine Langmut, Seine Heiligkeit und Seine Größe. Wenn du studierst und lernst, *wer* Gott ist und *wie* Er ist, dann lernst du, Ihn zu fürchten. Dies bedeutet, dass du lernst, mehr und mehr das zu hassen, was Er hasst, und zu lieben, was Er liebt. Je mehr Zeit du mit Gott verbringst, umso mehr wirst du

> **Du lernst mehr und mehr, das zu hassen, was Er hasst, und zu lieben, was Er liebt.**

über Ihn lernen. Je mehr du über Ihn weißt, umso mehr wirst du Ihn lieben. Je mehr du Ihn liebst, umso mehr wirst du Ihm nicht missfallen wollen. Deine Liebe zu Gott wird dich davon abhalten, dich mit dem zu befassen, was Gott hasst. Deine Gottesfurcht wird dich vor dem bewahren, was in Gottes Augen ein Gräuel ist. Sinne über die folgenden Abschnitte aus Gottes Wort nach:

Ob ihr nun esst oder trinkt oder sonst etwas tut – tut alles zur Ehre Gottes! (1. Korinther 10,31)

Ich will dich preisen, Herr, mein Gott, von ganzem Herzen, und deinem Namen Ehre erweisen auf ewig. (Psalm 86,12)

Vertraue auf den HERRN von ganzem Herzen und verlass dich nicht auf deinen Verstand; erkenne ihn auf allen deinen Wegen, so wird er deine Pfade ebnen. Halte dich nicht selbst für weise; fürchte den HERRN und weiche vom Bösen! (Sprüche 3,5-7)

Mehr als alles andere behüte dein Herz; denn von ihm geht das Leben aus. Tue hinweg von dir die Falschheit des Mundes, und verdrehte Reden seien fern von dir! Lass deine Augen geradeaus schauen und deine Blicke auf das gerichtet sein, was vor dir liegt! Mache die Bahn für deinen Fuß gerade, und alle deine Wege seien bestimmt; weiche weder zur Rechten ab noch zur Linken, halte deinen Fuß vom Bösen fern! (Sprüche 4,23-27)

Die Nacht ist vorgerückt, der Tag aber ist nahe. So lasst uns nun ablegen die Werke der Finsternis und anlegen die Waffen des Lichts! Lasst uns anständig wandeln wie am Tag, nicht in Schlemmereien und Trinkgelagen, nicht in Unzucht und Ausschweifungen, nicht in Streit und Neid; sondern zieht den Herrn Jesus Christus an und pflegt das Fleisch nicht bis zur Erregung von Begierden! (Römer 13,12-14)

Was kannst du also tun? Daniel beschloss in seinem Herzen, sich nicht durch ein Verhalten zu verunreinigen, das in der damaligen Kultur akzeptiert war. Triff die Entscheidung, dass du es nicht zulassen wirst, dass dieses Übel dein Herz und dein Leben zerstört. Im Folgenden betrachten wir vier praktische biblische Prinzipien, die dir dabei helfen können, das zu hassen, was Gott hasst, und zu lieben, was Er liebt (siehe auch die Übersicht „Leitfaden für den sicheren Gebrauch des Internets" am Ende des Kapitels). Diese biblischen Wahrheiten werden dich daran erinnern, dass du, ob du nun isst oder trinkst oder Zeit online verbringst, *alles zur Ehre Gottes* tun kannst!

Das Geheimagenten-Prinzip

Lass dir wohlgefallen die Worte meines Mundes [Chatrooms und E-Mails: was ich sage] und das Sinnen meines Herzens [meine Gedanken] vor dir, HERR [Alles, was ich denke und sage, soll dir wohlgefällig sein.], mein Fels und mein Erlöser! [In deiner Kraft, Herr, kann und werde ich siegreich sein.] (Psalm 19,15)

Geheimagenten glauben, dass sie herumschleichen und nie entdeckt werden können. Sie glauben, dass sie nahezu unsichtbar sind. Glaub das ja nicht! Versuche nicht, dich zu verstecken. Versuche nicht, in geistlicher Hinsicht ein Geheimagent zu sein, der sich vor Gott versteckt. Versuche nicht, dich an heimlichen Sünden festzuklammern. Es gibt drei biblische Prinzipien, die dich davor bewahren können, dass du ein Geheimagent wirst – Rechenschaft, Sichtbarkeit und Sicherheit.

Rechenschaft

Geh nie online, wenn du allein bist. Sorge dafür, dass immer jemand da ist – deine Mutter, dein Vater, ein Bruder oder eine Schwester. Lade einen Freund zu dir nach Hause ein; lade deine ganze Klasse ein! Tu alles, was notwendig ist, damit du einem anderen Rechenschaft geben kannst. Rechenschaft bedeutet, dass jemand in deiner Nähe ist, der dich vor dem Fallen bewahrt bzw. der dir aufhilft, wenn du gefallen bist. Salomo brachte es so zum Ausdruck:

> *Es ist besser, dass man zu zweit ist als allein, denn die beiden haben einen guten Lohn für ihre Mühe. Denn wenn sie fallen, so hilft der eine dem anderen auf; wehe aber dem, der allein ist, wenn er fällt und kein zweiter da ist, um ihn aufzurichten! Auch wenn zwei beieinander liegen, so wärmen sie sich gegenseitig; aber wie soll einer warm werden, wenn er allein ist? Und wenn man den einen angreift, so können die beiden Widerstand leisten; und eine dreifache Schnur wird nicht so bald zerrissen. (Prediger 4,9-12)*

Wer weiß, wo du ins Internet gehst? Wer kontrolliert regelmäßig, was du machst? Rechenschaftspartner sind wahre Freunde. Zwei sind besser als einer – um uns so weit wie möglich von Sünde und Versuchung fern zu halten. Sei sehr dankbar dafür, wenn du ständig von deiner Mutter und deinem Vater kontrolliert wirst! Wenn sie dich so sehr lieben, dass sie dich davor bewahren wollen, dass du dein Leben ruinierst, dann hast du Eltern, die sich um dich kümmern.

Die Bereitschaft, jemandem gegenüber rechenschaftspflichtig zu sein, erfordert sehr viel Engagement und weist auf ein reines Herz hin, das die Sünden vermeiden will, die mit der finsteren Seite des Internets verbunden sind. Beispielsweise bietet mindestens eine Firma eine Filteroption an, die einen Rechenschaftsbericht enthält.[16] Wenn du dieses Filtersystem installierst, wählst du drei Freunde aus: Mutter, Vater, Mitarbeiter, Ehepartner, Sekretärin, Verlobte/r oder einen wahren Freund, der keine Angst davor hat, dich zu konfrontieren, wenn du in diesem Bereich dumme Entscheidungen triffst. Diese drei „Rechenschaftsfreunde" erhalten wöchentlich eine E-Mail, die alle Websites auflistet, die du besuchen wolltest bzw. besucht hast. So etwas ist gute Rechenschaft.

---

[16] American Family Association (AFA) bietet dieses Filtersystem seit 2004 an. Weitere Informationen unter http://www.bjup.com/textbooks/resources.

*Gesellschaft zum Schutz der Garnelen

Sichtbarkeit

Surfe nie heimlich im Internet. Bitte beachte unbedingt dieses Prinzip. Wenn du wirklich ein Herz für Gott hast und du deine Gedanken und dein Leben nicht durch den Müll der finsteren Seite des Internets verderben willst: räume bitte den Computer aus deinem Zimmer. Stell ihn an einem Ort auf, wo andere ständig vorübergehen. Lass nicht zu, dass er da ist, wo du ganz für dich sein kannst, wo du glaubst, dass dich niemand sehen kann. Wenn dein Computer da steht, wo er für alle sichtbar ist, wo sich deine Eltern und Geschwister aufhalten, kann dich das davor bewahren, eine „heimliche Sünde" zu begehen. Hier sind einige Verse aus einem der vorhergehenden Kapitel:

> *Das Auge des Ehebrechers wartet auf die Dämmerung; er spricht: „Kein Auge soll mich sehen!" und verhüllt sein Angesicht. (Hiob 24,15)*

> *Du hast unsere Missetaten vor dich hingestellt, unser geheimstes Tun in das Licht deines Angesichts. (Psalm 90,8)*

Denn Gott wird jedes Werk vor ein Gericht bringen, samt allem Verborgenen, es sei gut oder böse. (Prediger 12,14)

Wehe denen, die [ihren] Plan vor dem HERRN tief verbergen, damit ihre Werke im Finstern geschehen, die sprechen: Wer sieht uns, oder wer kennt uns? (Jesaja 29,15)

Denn meine Augen sind auf alle ihre Wege gerichtet; sie sind nicht verborgen vor meinem Angesicht, und ihre Schuld ist nicht verhüllt vor meinen Augen. (Jeremia 16,17)

Oder kann sich jemand so heimlich verbergen, dass ich ihn nicht sehe? spricht der HERR. Erfülle ich nicht den Himmel und die Erde? spricht der HERR. (Jeremia 23,24)

Denn nichts ist verborgen, das nicht offenbar gemacht wird, und nichts geschieht so heimlich, dass es nicht an den Tag kommt. (Markus 4,22)

Sicherheit

Sprich nie mit Fremden. Erinnerst du dich, als du klein warst und deine Mutter zu dir sagte: „Sprich nie mit Fremden!"? Nun, tu das auch online nicht. Chatten ist gefährlich, denn du weißt nicht, mit wem du es zu tun hast! Setze dich nicht irgendwelchen Gefahren aus. Vielleicht sagst du: „Na komm schon, ich bin doch nicht dumm! Ich werde vorsichtig sein!" Du musst nicht dumm sein, um durch die finstere Seite des Internets in Schwierigkeiten zu geraten. Da war zum Beispiel ein Mädchen, das in einer Kleinstadt lebte und das „nicht dumm" war. Sie traf jemanden online und chattete mit ihm. Sie achtete sehr darauf, dass er weder ihren Namen noch ihre Telefonnummer, E-Mail-Adresse oder wie er sie sonst erreichen konnte, erfuhr. Es ging ihr nur um den Spaß. Sie erzählte ihm gar nichts – oder fast nichts. Sie erwähnte nur, dass sie gerne Softball spielte und dass sie die Nummer „7" war. Und sie sagte auch, dass sie Freitagabend gegen ihre Rivalen antreten würden und wie ihre Mannschaft hieß. Nun, der Mann war kein Dummkopf – er stellte nur ein paar Nachforschungen an, fand heraus, wo sich die Schulen befanden, ging zum Spiel und sprach nach dem Spiel die Nummer „7" an. Sie konnte es nicht glauben, dass er sie gefunden hatte. Er überredete sie dazu, dass sie auf dem Heimweg noch wo anhielten, um einen Happen zu essen. Sie ging mit ihm mit und wurde vergewaltigt.

Du musst nicht dumm sein! Bitte versuche nicht, ein Geheimagent zu sein. Denke an unsere drei Prinzipien. Rechenschaft: Geh nie online, wenn du alleine bist. Sichtbarkeit: Surfe nie heimlich. Sicherheit: Sprich nie mit Fremden.

Das Surfer-Dude-Prinzip

Der Kluge sieht das Unglück und verbirgt sich, aber die Unverständigen tappen hinein und müssen es büßen. (Sprüche 22,3)

Gott spricht mit diesem Vers eine Warnung aus. Jemand, der *klug* ist, wird nie ziellos im Internet surfen. Klugheit bedeutet, dass man vorsichtig ist und vorausschaut, um nicht in Schwierigkeiten zu geraten. Ein kluger Mann beachtet stets alle Warnzeichen, die besagen „Vorsicht!" Ein kluger Mensch hört auf Warnungen und versucht, sich von Sünde und Versuchung so weit wie nur möglich fern zu halten.

Die Weisheit lässt den Klugen erkennen, welchen Weg er gehen soll, aber die Torheit der Narren betrügt sie selbst. (Sprüche 14,8)

Der Unverständige glaubt jedem Wort, aber der Kluge gibt auf seine Schritte Acht. (Sprüche 14,15)

Wenn ein *kluger* Teenager oder Erwachsener online geht, wird er vorsichtig sein, welchen Links er folgt oder welche Websites er besucht. Wenn es ein Problem geben *könnte*, hält er sich davon fern. Der Kluge *sieht das Unglück*; er erkennt die Gefahr rechtzeitig und bringt sich in Sicherheit. Man könnte sagen, *er sieht und flieht. Er verbirgt sich.* Mit dem Wort *fliehen* in der Bibel ist ein Prinzip verbunden, das im Neuen Testament zu finden ist. Beachte, wie dieses Wort in den folgenden Versen verwendet wird:

Flieht die Unzucht! Jede Sünde, die ein Mensch [sonst] begeht, ist außerhalb des Leibes; wer aber Unzucht verübt, sündigt an seinem eigenen Leib. (1. Korinther 6,18)

Darum, meine Geliebten, flieht vor dem Götzendienst! (1. Korinther 10,14)

Du aber, o Mensch Gottes, fliehe diese Dinge, jage aber nach Gerechtigkeit, Gottesfurcht, Glauben, Liebe, Geduld, Sanftmut! (1. Timotheus 6,11)

So fliehe nun die jugendlichen Lüste, jage aber der Gerechtigkeit, dem Glauben, der Liebe, dem Frieden nach zusammen mit denen, die den Herrn aus reinem Herzen anrufen! (2. Timotheus 2,22)

Das Wort *fliehen* beschreibt jemanden, der ein Flüchtling ist, der so schnell und so weit weg rennt, dass er nicht gefunden werden kann. Was tat Joseph, als er von Potiphar's

Frau versucht wurde? Er floh; er rannte davon; er machte, dass er fortkam. Der *Kluge* weiß, wann und wie er *fliehen* muss.

Jetzt wollen wir uns dem *Unverständigen* zuwenden. Um dieses Wort näher zu erläutern, sehen wir uns an, wie es in der Septuaginta (der griechischen Übertragung aus dem Hebräischen) übersetzt wurde – *aphrones*, was so viel wie „undenkend" bedeutet. Einige würden das hebräische Wort mit „naiv" übersetzen. Du denkst nicht, du bist unglaublich naiv, wenn du der Meinung bist, dass du dich mit der finsteren Seite des Internets einlassen und dem Gericht Gottes entgehen kannst.

„Die Unverständigen tappen hinein und müssen es büßen" (Sprüche 22,3). Die Unverständigen denken nicht: „Mann, das sieht toll aus! Das klick ich jetzt gleich an!" Den Unverständigen mangelt es an Überführung wie auch an Umsicht, um sich von Sünde fern zu halten. Die Unverständigen nehmen sich nicht die Zeit dafür, die Konsequenzen ihres Handelns gegen den kurzzeitigen Nervenkitzel, den sie vielleicht verspüren würden, abzuwägen.

> *Wie lange wollt ihr Unverständigen den Unverstand lieben und ihr Spötter Lust am Spotten haben und ihr Toren Erkenntnis hassen? (Sprüche 1,22)*

> *Denn als ich am Fenster meines Hauses durch das Gitter schaute und die Unverständigen beobachtete, bemerkte ich unter den Söhnen einen jungen Mann ohne Einsicht. (Sprüche 7,6-7)*

> *Frau Torheit ist unbändig, voll Unverstand und erkennt gar nichts. (Sprüche 9,13)*

Sei klug! Denke! Weigere dich, unverständig zu sein! Denke, bevor du online gehst; denke, während du online bist; denke darüber nach, wo du online warst. Denke! Denke! Denke!

Weigere dich, ziellos im Internet herumzusurfen – dies wird dich vor tiefem Wasser bewahren.
Geh niemals online, nur um Zeit totzuschlagen. Weigere dich, ziellos im Internet herumzusurfen. Wenn du online gehst, um irgendwelche Spielergebnisse oder Verkäufe zu überprüfen, und dann anfängst, ohne Ziel herumzu-

surfen, nimm dich in Acht, auf welchen Wellen du reitest. Erwischst du eine Art von Internet-Welle, wenn deine Mutter oder dein Vater im Zimmer ist, und eine andere Art von Internet-Welle, wenn dir keiner zusieht? Weigere dich, ziellos im Internet herumzusurfen. Dies wird dich vor tiefem Wasser bewahren, wo du in Sünde und Schlechtigkeit aller Art ertrinken könntest.

Du musst immer wissen, wohin du gehst und was du willst.
Hab immer ein Ziel vor Augen. Mach dir eine Einkaufsliste von dem, was du brauchst und wo du denkst, dass es zu finden ist. Surfen im Internet kann man in der Tat recht gut mit Einkaufengehen vergleichen. Jungs, wenn ihr so online gehen würdet, wie ihr zum Einkaufen geht, dann gäbe es keine Probleme. Ihr wisst ja, dass Jungs anders einkaufen als Mädchen. Wenn ein Mädchen einkaufen geht, ist das eine richtige Aktion. Nehmen wir an, ein Mädchen braucht eine Bluse für ein neues Outfit. Sie geht zu einem ganz tollen Geschäft, zum Beispiel Walmart. Sie betritt den Laden. Sobald sie am Eingang vorbei ist, sieht sie ein Regal mit Sonderangeboten – Preise 98 % reduziert –, und die erste Bluse, die sie in die Hand nimmt, hat genau ihre Größe und die richtige Farbe; und sie kostet nur 99 Cent. Aber sie muss sich noch jede andere Bluse im Laden anschauen, bevor sie jene kauft. Und dann muss sie noch zu einem anderen Geschäft gehen.

Für Männer dagegen ist das Einkaufen wie der Einsatz eines Spezialkommandos. Angriffsziel orten. Zuschlagen. Zurückziehen. Das ist alles. Geh rein, hol dir, was du brauchst, geh raus. Wenn Jungs mit genau dieser Einstellung online gehen würden, dann wäre die Chance viel größer, dass man sie als *klug* und nicht als *unverständig* bezeichnen würde.

Das Sumoringer-Prinzip

Sondern zieht den Herrn Jesus Christus an und pflegt das Fleisch nicht bis zur Erregung von Begierden! (Römer 13,14)

Sumoringer sind – Sumoringer. Ich möchte nicht wie einer von ihnen aussehen (mit einem Gewicht von bis zu 350 kg), aber es würde mir nichts ausmachen, beim Essen so zuzuschlagen, wie sie das tun. Wenn sie gegeneinander antreten, begeben sie sich zur Mitte des Kampfringes und dann ringen sie. Eine der Möglichkeiten, wie sie verlieren können, ist, wenn sie vom Gegner aus dem Ring gedrängt oder gestoßen werden. Sie kämpfen auf gefährlichem Terrain, wenn sie zu nah an den Rand geraten.

Was die finstere Seite des Internets angeht, halte dich vom gefährlichen „Rand" fern. Bleib in der Mitte. Es ist kein Gott wohlgefälliges Leben, wenn du am „Rand" von Weltlichkeit und Gottlosigkeit lebst, wo ein kleiner Ausrutscher ein Desaster ist. Stattdessen bedeutet es, dich von Sünde so weit wie nur möglich fern zu halten. Übrigens, halte dich nicht nur von Sünde fern, sondern auch von Versuchung. „Herr, führe uns nicht in Versuchung." Halte dich davon fern – so weit du nur kannst. Hier kommt das biblische Prinzip von Römer 13,14 zur Anwendung.

„Zieht den Herrn Jesus Christus an." Zieh Seinen Charakter an. Zieh Seine Eigenschaften an. Lerne es, wie Er zu sein. Mach es dir zum Ziel, im Bereich deiner Reinheit und deines persönlichen Lebens wie Jesus Christus zu sein – so sehr du nur kannst. Die Ermahnung des Paulus hört hier nicht auf. Zieh die Eigenschaften Jesu Christi an und pflege „das Fleisch nicht bis zur Erregung von Begierden." Anders ausgedrückt, suche nicht nach Wegen, um die starken Leidenschaften und Begierden dieses verderbten Fleisches zu befriedigen. Mach keine Pläne, wie du sündigen kannst. Versuche nicht, Wege zu erfinden, um die Spuren deiner Sünden zuzudecken. Mach es dir selbst schwer zu sündigen. Errichte solche „Hürden", dass du, um zu sündigen, ganz bewusst „Nein" zu einem Rechenschaftspartner, „Nein" zu einem anderen in der Familie, „Nein" zu Gott sagen musst.

Bleib in der Mitte des Kampfringes. Flirte nicht mit Sünde. Halte dich davon fern – so weit du nur kannst. Dieses Prinzip kann für jede Art weltlicher Versuchung, die sich dir stellt, angewendet werden. Denke darüber nach. Einige sagen vielleicht: „Du kannst mir nicht sagen, dass das Outfit, das ich trage, unbiblisch ist." Damit könnten sie Recht haben! Ich habe dafür vielleicht keinen bestimmten Bibelvers, aber es sieht so weltlich aus; es ist so nah am „Rand", dass ich mich so weit wie nur möglich davon fern halten will. Einige wollen über die Art der Musik, die sie hören, debattieren. Sie sagen: „Du kannst mir nicht erzählen, dass Gottes Wort klar dagegen spricht." Vielleicht finde ich wiederum keinen spezifischen Bibelvers; aber ein Großteil der Musik, die heute – auch in christlichen Kreisen – gehört wird, klingt und präsentiert sich wie die Welt; sie befindet sich so nah am Rand, dass ich mich davon fern halten will. Wie steht es mit der körperlichen Beziehung zu Freund oder Freundin? Die Tausend-Euro-Frage ist immer: „Wie weit kann ich gehen?" Das ist ein Leben am Rand! Diese Einstellung wird nur zu Niederlage und Desaster führen. Es geht nicht um: „Wie weit kann ich gehen, dass es noch o.k. ist?" Die Frage sollte lauten: „Wie rein kann ich sein?"

> Es geht nicht um: „Wie weit kann ich gehen, dass es noch o.k. ist?" Die Frage sollte lauten: „Wie rein kann ich sein?"

Ich liebe die Pommes von McDonalds. Nein, ich *liebe* die Pommes von McDonalds. Aber wenn ich sie jeden Tag meines Lebens essen würde, dann würde ich bald wie ein übergroßes Happy Meal aussehen – und das will ich nicht! Also halte ich mich von ihnen fern! Was die finstere Seite des Internets angeht, musst du dich so weit wie nur möglich von Versuchung fern halten. Wie machst du das?

Schütze dich durch Passwörter.

Wenn es dein innigstes Verlangen ist, Gott wohlzugefallen und Ihn zu verherrlichen, verwende Passwörter, um dich vom „Rand" wegzubringen. (Dies setzt voraus, dass dein Internetzugang per Einwahl ist. Leider ist mit Kabel oder DSL kein Passwort erforderlich.) Bitte deine Mutter, das Passwort einzugeben, sodass du nicht online gehen kannst, wenn sie außer Haus ist.

Ein erfindungsreicher Weg, dich und deine Familie zu schützen, besteht darin, ein Passwort aufzuteilen. Wenn du verheiratet bist, teile das Passwort zwischen dir und deinem Ehepartner auf. Triff jetzt die Entscheidung, dass du, wenn du jene besondere Person findest, darauf bestehen wirst, dass ihr zu Hause ein Passwort zwischen euch aufteilen werdet. Sag nicht: „Ich vertraue ihm doch." Wir sollten uns selbst nicht trauen! Teile ein Passwort auf. Hier ist ein Beispiel:

Aufgeteilte Passwörter machen es schwieriger zu sündigen.

Nehmen wir an, ein junges Ehepaar einigt sich darauf, ein Passwort für ihren Internetzugang untereinander aufzuteilen. Der Ehemann setzt sich an den Computer und versucht, sich ein Passwort auszudenken, das er sich gut merken kann. Seine Frau hat die Küche mit verschiedenen Apfelmotiven dekoriert; er gibt also das Wort „Apfel" ein. Er geht und seine Frau nimmt am Computer Platz. Sie weiß, dass ihr Mann gerne Kuchen isst. Also entscheidet sie sich für das Wort „Kuchen". Sie kennt nicht den ersten Teil, „Apfel", und er nicht den zweiten, „Kuchen". Nach ungefähr zwei Wochen kommt der junge Ehemann von der Arbeit nach Hause und findet an der Tür eine Nachricht seiner Frau, in der sie ihm mitteilt, dass sie beim Einkaufen ist und erst später am Abend heimkommen wird. Als er am Computer vorbeigeht, wird er versucht. Er setzt sich an den Computer und gibt das Wort „Apfel" ein. Er denkt: „An was würde sie wohl gedacht haben? ‚Apfelmus', nein, das ist es nicht. ‚Apfelbaum', nein, wieder falsch." Kein „Kuchen" für diesen jungen Ehemann, kein Internet. Kein „Kuchen", keine Sünde.

Schütze dich durch Filter oder einen ISP, der filtert.

Neben Passwörtern werden auch Filter helfen, dich und deine Familie zu schützen. Es gibt viele verschiedene Arten von Filtern, die du kaufen und installieren kannst. Einen noch besseren Schutz bietet ein ISP (Internet Service Provider), der filtert. Die gängigsten ISPs wie AOL oder MSN filtern nur begrenzt und sind statistisch gesehen Hosts zahlreicher Websites, die es für Erwachsene gibt. Du musst einen ISP finden, der fragwürdiges Material ausfiltert, bevor es überhaupt zu dir nach Hause kommt. Finde heraus, welcher für deine Bedürfnisse am besten geeignet ist.[17] Wenn du dich genau erkundigst, was es in deiner Umgebung gibt, wirst du einen ISP ausfindig machen, der jedem in deiner Familie wirksamen Schutz bieten wird. Wenn du dir deinen ISP nicht aussuchen kannst (was oft der Fall ist, wenn du statt Einwahl Kabel oder DSL hast) und wenn dein ISP nicht sehr gut filtert, dann musst du dir einen guten Filter besorgen. Es ist verrückt, zu Hause ungefilterten Internetzugang zu haben! Da könntest du eher noch ein Dutzend Giftschlangen in deinem Wohnzimmer aussetzen – als das Internet ohne Filter zu benützen. Lebe nicht am „Rand". Halte dich so weit, wie es nur irgend möglich ist, von Versuchung und Niederlage fern.

Einige argumentieren: „Es gibt keine Filter, die alles herausfiltern." Sie haben Recht! Aber solltest du nicht Vorsorge treffen so gut du kannst? Sogar die besten Filter werden einiges durchlassen, aber sie werden doch einen beträchtlichen Anteil von anstößigen Websites abblocken. In Anbetracht der Millionen von Seiten, die jede Woche im Internet erscheinen, ist es undenkbar, dass irgendein Filter in der Lage ist, alle schlechten Seiten abzufangen. (Manchmal kann man sogar mit einem guten Filter ohne eigenes Verschulden auf einer schlechten Website landen.) Auch wenn fast alle schlechten Websites versperrt sind, kannst du, wenn du es unbedingt willst, immer noch Anstößiges sehen. Aber du wirst über den Zaun klettern und die Tür eintreten müssen, um dorthin zu gelangen. An diesem Punkt triffst du eine Entscheidung. Da fehlbare Filter nicht alles abfangen können, benötigst du natürlich verschiedene Vorbeugungsmaßnahmen. Filter oder ein filternder ISP können dich vor dem Ausrutschen bewahren, aber sie sind nicht hundertprozentig sicher. (Du solltest außerdem überlegen, einen Blocker für Pop-Ups zu installieren.) Alle diese technischen Sicherheitsvorkehrungen sollten mit disziplinarischen Maßnahmen kombiniert werden.

---

[17] Weitere Informationen zu Filtern und ISPs unter http://www.bjup.com/textbooks/resources.

Schütze dich durch die „Entfernen"-Taste.

Eine weitere Möglichkeit, dich zu schützen, ist die Verwendung der „Entfernen"-Taste deiner Computertastatur. Du bekommst vielleicht eine E-Mail von einer pornografischen Website, die dir zeigen möchte, was sie zu bieten hat. Öffne sie auf gar keinen Fall, sondern lösche sie sofort. Auch wenn du eine E-Mail erhältst und du dir nicht sicher bist, wer der Absender ist, lösche sie! Wenn jemand dich wirklich erreichen will, dann kann er dich anrufen.

Was ist, wenn die Pornografen Zugriff auf deine E-Mail-Adresse bekommen haben und du jeden Tag mit jenen ekelhaften Anzeigen konfrontiert wirst? Erstens, besuche auf gar keinen Fall eine ihrer Websites, da sie sonst deine Adresse weltweit versenden werden. Zweitens, wenn sie dich bereits ausfindig gemacht haben, schließe dein Konto und eröffne ein neues mit einer ganz anderen E-Mail-Adresse. Manche werden denken, dass das zu mühsam ist, aber es ist viel schlimmer, wenn du jemanden in deiner Familie an die Übel der finsteren Seite des Internets verlierst. Einige Leute haben zwei E-Mail-Adressen – eine für ihre Familie und Freunde und eine andere, die sie für Online-Geschäfte verwenden. Wenn letztere an eine schlechte Firma weiterverkauft wird, dann ist es einfacher, sie aufzugeben. Drittens, überlege dir, einen Anti-Spam-Filter zu installieren, der zumindest einen Teil der schlechten Mails herausfiltern wird.

In diesem Abschnitt habe ich einige technische Sicherheitsvorkehrungen erläutert. Aber verlass dich nicht zu sehr auf sie; sie dienen dir nur als Hilfsmittel. Da sie nicht vollkommen sind und du dich manchmal auch in Situationen befinden wirst, wo sie nicht verfügbar sind, brauchst du unbedingt persönliche Schutzmaßnahmen. Du musst den Entschluss fassen, dass *du* die Verantwortung dafür übernehmen wirst, wo du im Internet surfst, und dass du dich nicht auf die Technologie verlässt.

Das Prinzip der Fremden Frau

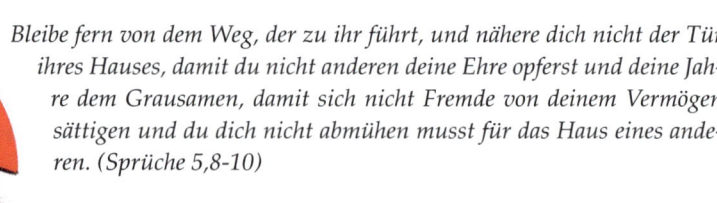

Bleibe fern von dem Weg, der zu ihr führt, und nähere dich nicht der Tür ihres Hauses, damit du nicht anderen deine Ehre opferst und deine Jahre dem Grausamen, damit sich nicht Fremde von deinem Vermögen sättigen und du dich nicht abmühen musst für das Haus eines anderen. (Sprüche 5,8-10)

Unser letztes Prinzip im Kampf gegen die Übel der finsteren Seite des Internets ist das Prinzip der Reinheit. Lies langsam und gründlich den Abschnitt durch, aus dem die obigen Verse stammen:

Und nun hört auf mich, ihr Söhne, und weicht nicht von den Worten meines Mundes! Bleibe fern von dem Weg, der zu ihr führt, und nähere dich nicht der Tür ihres Hauses, damit du nicht anderen deine Ehre opferst und deine Jahre dem Grausamen, damit sich nicht Fremde von deinem Vermögen sättigen und du dich nicht abmühen musst für das Haus eines anderen, damit du nicht seufzen musst bei deinem Ende, wenn dir dein Leib und Leben hinschwinden, und sagen musst: „Warum habe ich doch die Zucht gehasst, warum hat mein Herz die Zurechtweisung verachtet? Ich habe nicht gehört auf die Stimme meiner Lehrer und meinen Lehrmeistern kein Gehör geschenkt!" (Sprüche 5,7-13)

In Sprüche 5,8 heißt es: „Bleibe fern von dem Weg, der zu ihr führt, und nähere dich nicht" dem Ikon ihrer Website (genau dies bedeutet der Vers in Anwendung auf das Internet). Bleibe fern! Lass nicht zu, dass du in die Nähe ihres Reviers gerätst.

Sprüche 5,10 sagt: „Damit sich nicht Fremde von deinem Vermögen sättigen ..." Wenn du ein kleines, rechteckiges Stückchen Plastik nimmst und vier Ziffern eingibst, dann nochmals vier Ziffern sowie zwei weitere Ziffernfolgen und das Ablaufdatum, um mit deiner Kreditkarte Pornografie zu beziehen, dann steuerst du auf deinen geistlichen Untergang zu. Du bist eine Zeitbombe, die jeden Moment explodieren kann. Kaufe niemals Sünde! Weigere dich, Gottlosen dein Geld zu geben. Den Herstellern und Vertreibern von Pornografie geht es nur ums Geld. Wenn niemand ihre Ware kaufen würde, dann würde es sie nicht geben. Lass niemals zu, dass sich diese gottlosen Fremden von deinem Vermögen sättigen.

„Damit du nicht anderen deine Ehre opferst und deine Jahre dem Grausamen" (Sprüche 5,9). Konzentriere dich ganz auf das, was jetzt kommt. Deine Pastoren und Ältesten, deine Lehrer, deine Mutter und dein Vater haben ein Leben gelebt, das auf guten Entscheidungen gegründet war; sie haben Gott in den letzten fünfundzwanzig Jahren oder länger treu gedient. Fünfundzwanzig Jahre, in denen sie ihre Kinder in der Zucht und Ermahnung des Herrn großgezogen haben. Fünfundzwanzig Jahre, in denen sie das taten, was richtig war. Fünfundzwanzig Jahre, in denen sie gute Entscheidungen trafen und in Reinheit und Heiligkeit lebten. Fünfundzwanzig Jahre! Dann eine Nacht – eine Nacht, in der sie sich töricht entscheiden und in die finstere Seite des Internets verwickelt werden. Nur eine Nacht, aber in jener Nacht werden sie erwischt. An was werden sich die anderen erinnern? An die fünfundzwanzig Jahre der richtigen Entscheidungen? Nein. An die Nacht der Sünde. Gott vergibt, aber viele vergessen nie. Opfere deine Jahre nicht „dem Grausamen".

Konzentriere dich auf deine Beziehung mit deiner Familie.
Jungs, bevor ihr eine pornografische Website anklickt, denkt, wie es wäre, wenn ihr nach zwanzig Minuten, in denen ihr euch für Schlechtes entscheidet, so von dem gefes-

selt seid, was ihr seht, dass ihr eure Mutter nicht bemerkt, die mit tränenüberströmtem Gesicht hinter euch steht. Denkt doch, wie sehr es eurer Mutter wehtun wird. Ich bin von Müttern angerufen worden, die sich Sorgen machen, dass ihre Söhne oder Ehemänner mit diesem Internet-Müll herumpfuschen. Weißt du, womit ich oft meine Zeit verbringe, während du in der Schule bist? Ich spreche mit Müttern am Telefon und helfe ihnen dabei, herauszufinden, wo du online gewesen bist. Einige sagen vielleicht: „Das ist nicht fair." Doch, das ist es schon. Das Beste, was denen passieren kann, die in die finstere Seite des Internets verwickelt sind, ist, erwischt zu werden.

Konzentriere dich auf deine zukünftige Beziehung mit deinem Ehepartner.

Viele von euch hoffen, in den nächsten fünf, zehn, zwanzig, dreißig oder vierzig Jahren zu heiraten. He, Jungs, wollt ihr später eine Frau heiraten, die sich als Teenager mit anderen Jungs über Schmutziges unterhielt? Wollt ihr so jemanden heiraten? Das glaube ich nicht. Mädels, wollt ihr jemanden heiraten, der sich in seiner Teenagerzeit oder als Student ständig Pornografie im Internet ansah? Soll so jemand eines Tages der Vater deiner kleinen Tochter sein? Ich glaube das nicht. Treue zur Ehefrau oder zum Ehemann ist eng damit verbunden, wie wir denken *und* handeln.

Konzentriere dich auf deine Beziehung mit Gott.

> *Naht euch zu Gott, so naht er sich zu euch! Reinigt die Hände, ihr Sünder, und heiligt eure Herzen, die ihr geteilten Herzens seid! (Jakobus 4,8)*

Gott sagte zu Hesekiel in seiner Vision, dass Seine Kinder ...

> *... Mir den Rücken zugekehrt haben*
> *... Mich aus Meinem Heiligtum vertrieben haben*
> *... beschlossen haben, sich mit dem zu befassen, was Ich hasse*
> *... Mich aus ihrem Leben buchstäblich hinausgestoßen haben.*

Mein Gebet für dich

Lieber Leser, es ist mein Gebet, dass dies nie über dich gesagt wird. Kehre Gott nicht den Rücken. Vertreibe Gott nicht aus deinem Leben. Befasse dich nicht mit Dingen, die Gott hasst. Stoße Gott nicht aus deinem Leben hinaus. Gott will nur das Beste für dein Leben. Bitte lass dich nicht von der finsteren Seite des Internets einfangen.

Leitfaden für den sicheren Gebrauch des Internets

1. Das Geheimagenten-Prinzip

Lass dir wohlgefallen die Worte meines Mundes und das Sinnen meines Herzens vor dir, Herr, mein Fels und mein Erlöser! (Psalm 19,15)

- Rechenschaft: Geh nie online, wenn du allein bist.
- Sichtbarkeit: Surfe nie heimlich im Internet.
- Sicherheit: Sprich nie mit Fremden. Weigere dich, jegliche persönliche Informationen an andere weiterzugeben.

2. Das Surfer-Dude-Prinzip

Der Kluge sieht das Unglück und verbirgt sich, aber die Unverständigen tappen hinein und müssen es büßen. (Sprüche 22,3)

- Weigere dich, ziellos im Internet herumzusurfen – dies wird dich vor tiefem Wasser bewahren.
- Du musst immer wissen, wohin du gehst und was du willst.

3. Das Sumoringer-Prinzip

Sondern zieht den Herrn Jesus Christus an und pflegt das Fleisch nicht bis zur Erregung von Begierden! (Römer 13,14)

- Schütze dich durch Passwörter.
- Schütze dich durch Filter oder einen ISP, der filtert.
- Schütze dich durch die „Entfernen"-Taste.

4. Das Prinzip der Fremden Frau

Bleibe fern von dem Weg, der zu ihr führt, und nähere dich nicht der Tür ihres Hauses, damit du nicht anderen deine Ehre opferst und deine Jahre dem Grausamen, damit sich nicht Fremde von deinem Vermögen sättigen und du dich nicht abmühen musst für das Haus eines anderen. (Sprüche 5,8-10)

- Konzentriere dich auf deine Beziehung mit deiner Familie.
- Konzentriere dich auf deine zukünftige Beziehung mit deinem Ehepartner.
- Konzentriere dich auf deine Beziehung mit Gott.

5 ESSAYS ÜBER CHRISTEN, DIE WELT UND KULTUR

Einführung

Du denkst wahrscheinlich: Wozu in aller Welt jetzt diese Essays? Und vor allem: Warum sollte ich mir die Zeit nehmen, sie zu lesen? Die folgenden Essays sollen dich dazu anregen, über bestimmte Fragen nachzudenken. Mach dir die Hilfe, die sie anbieten, zunutze. Einige von ihnen stehen in einer gewissen Beziehung zueinander. Wenn du sie alle liest, wirst du einen ausgewogenen Einblick in die Themen erhalten; du kannst sie jedoch auch einzeln lesen.

Essay 1, **„Die Bibel und das Internet",** stellt die Frage, wie wir die Bibel rechtmäßig auslegen können, um sie auf aktuelle Fragen, die das Internet betreffen, anzuwenden.

Essay 2 erörtert ein spezifischeres Problem: **„Versuchung".** Was ist Versuchung, was sagt die Bibel darüber und wie gehen wir damit um? Dieser Essay verwendet das Leben Davids und seine Sünde mit Bathseba als Fallbeispiel.

Essay 3, **„Christen und Kultur",** zeichnet das Konzept von Kultur in 1. Mose, Kapitel 1-11, nach und spricht sich für eine einfache, biblische Einstellung in der Beziehung zur Kultur aus.

Essay 4, **„Unser Streben nach Folgerichtigkeit",** gibt einen Überblick über die vielen verschiedenen Betrachtungsweisen, wie Kultur von Christen gesehen worden ist. Es werden mehrere Fragen gestellt, die dir dabei helfen sollen, über die vielen kulturellen Fragen, denen du dich gegenüber siehst, folgerichtig nachzudenken.

Essay 5, **„Über den Inhalt hinaus",** fragt nach dem eigentlichen Wesen des Internets – das Internet als kulturelles Phänomen. Wie wirkt sich das Internet auf die Kultur und Einzelne aus?

DIE BIBEL UND DAS INTERNET

von Thomas Parr

Glaubst du, dass es töricht ist, ein Buch darüber zu schreiben, was die Bibel über das Internet sagt? Die Bibel erwähnt nicht einmal das Internet. Ist es dann nicht so, dass diejenigen, die ein solches Buch schreiben, zur Schrift etwas hinzufügen (Markus 7,7)? Ist es nicht falsch, über das hinauszugehen, was in der Schrift geschrieben steht (1. Korinther 4,6)? Droht Gott nicht denjenigen, die über das hinausgehen, was Er gesagt hat (5. Mose 4,2; 13,1; Offenbarung 22,18-19)? Wie können wir beweisen, dass wir nicht die Bibel als Knüppel verwenden, um anderen Maßstäbe aufzuzwingen, die menschlich und nicht göttlich sind?

Alle diese Fragen sind sehr wichtig, da sie im Grunde genommen danach fragen, wie maßgeblich die Bibel für die heutige Zeit ist. Viele Verhaltensweisen, die heute Familien schädigen und zerstören, werden in der Bibel nicht ausdrücklich erwähnt: Kindesmissbrauch, Rauchen, Drogen, Pornografie und eine Menge anderer Probleme. Wie ist es also: reicht die Bibel aus oder nicht? Kann sie uns dabei helfen, all die verwirrenden Probleme, denen wir uns heute gegenübersehen, zu bewältigen?

Soll es dir wichtig sein?

Vielen sind diese Themen völlig egal. Sie kümmern sich nicht um die Themen unserer Zeit und es interessiert sie nicht, ob die Bibel maßgeblich oder ausreichend ist. Diese Leute haben entweder keine christliche Weltanschauung oder sie leben nicht konsequent, falls sie doch eine haben. Die Bibel sagt jedoch ausdrücklich, dass Christen ihr Leben nach den Lehren der Schrift ausrichten sollen. Sie sollen die Welt gemäß der Sichtweise der Bibel betrachten und sich ihrer Perspektive entsprechend verhalten (siehe Psalm 1,1-2). Um sich diese biblische Weltanschauung anzueignen. muss man hart arbeiten und mit Sorgfalt vorgehen.

> *Mein Sohn, wenn du meine Worte annimmst und meine Gebote bei dir bewahrst, so dass du der Weisheit dein Ohr leihst und dein Herz der Einsicht zuwendest; wenn du um Verständnis betest und um Einsicht flehst, wenn du sie suchst wie Silber und nach ihr forschst wie nach Schätzen, dann wirst du die Furcht des HERRN verstehen und die Erkenntnis Gottes erlangen. (Sprüche 2,1-5)*

Einmal die Bibel zu lesen reicht nicht aus, damit jemand so leben kann, wie es Gott wohlgefällig ist. Die Bibel muss die Gedanken eines Menschen durchdringen – und das ist nur möglich, wenn diese ihr ständig ausgesetzt sind (Josua 1,8). Diejenigen, die „den ganzen Tag" darüber nachsinnen (Psalm 119,97), haben ihre „Lust" daran (Psalm 1,2; 119,35) – sie finden die Schrift überhaupt nicht langweilig. Ein Hindernis stellen natürlich, entsprechend der Warnung Jesu, „Sorgen und Reichtum und Vergnügungen des Lebens" dar, die das Wort Gottes im Leben der Menschen ersticken (Lukas 8,14). Wenn es dir langweilig erscheint, ein Leben dafür hinzugeben, Gott durch Sein Wort nachzufolgen, dann gibt es wahrscheinlich etwas, das du mehr als Gott liebst.

Also: ist die Bibel ausreichend? Die Frage ist nicht, ob die Bibel maßgebend ist. Jeder Christ, der sich im Einklang mit der Schrift befindet, würde ihre Maßgeblichkeit bestätigen. Die Frage lautet: *Gibt uns die Bibel die moralische Anleitung, die dafür notwendig ist, dass wir in jeder Situation Entscheidungen treffen, die Gott wohlgefällig sind?* Kann uns die Bibel überhaupt Anweisung geben – angesichts der nahezu grenzenlosen Möglichkeiten und Entscheidungen, die das Leben bietet? Viele Christen bestreiten heute, dass uns die Bibel in dieser Weise überhaupt anleiten kann. Sie führen an, dass die Bibel nur sehr vage und allgemeine Prinzipien vorgibt und dass jene Prinzipien fast immer verzerrt werden, wenn man sie auf Themen unserer Zeit anwendet. Sie glauben, dass Gott sich über viele Fragen, denen wir im Leben begegnen, ausschweigt, und dass es uns überlassen ist, mit ihnen fertig zu werden.

Um die Antwort zu finden, müssen wir die allerwichtigste Frage stellen: Was sagt die Bibel über sich selbst aus? Ist sie ausreichend? Wenn die Bibel, die uns als einzige Quelle Auskunft über die Gedanken Gottes gibt, diese Frage für uns beantwortet, dann ist der Fall geklärt. Die Bibel ist die Autorität; wir müssen also herausfinden, was sie über sich selbst aussagt.

Ist Gottes Wort ausreichend?

Betrachte folgenden Abschnitt aus 2. Timotheus:

> *Alle Schrift ist von Gott eingegeben und nützlich zur Belehrung, zur Überführung, zur Zurechtweisung, zur Erziehung in der Gerechtigkeit, damit der Mensch Gottes ganz zubereitet sei, zu jedem guten Werk völlig ausgerüstet. (2. Timotheus 3,16-17)*

Wir wollen diese Verse jetzt gründlich untersuchen, weil es auf den ersten Blick erscheint, dass sie nichts darüber aussagen, ob die Bibel in der Lage ist, uns in jeder Situation anzuleiten. Der Text macht die Autorität der Schrift deutlich, indem er sagt, dass alle Schrift von Gott eingeben ist. Dieser Ausdruck ist eine Übersetzung des griechischen Wortes *theopneustos*, das „von Gott ausgeatmet" bedeutet. Gott Selbst ist die

Quelle der Worte der Schrift, nicht der Mensch. Wenn Gottes Wort irgendwie mit unabhängigen, menschlichen Gedanken vermischt wäre, dann wäre alles, was es über die Ewigkeit, den Himmel, das Endgericht, die Errettung und sogar über den Charakter Gottes aussagt, suspekt. Menschen können nichts Definitives über die geistliche Welt wissen – es sei denn, dass jemand von jener Welt es ihnen sagt. Und der Betreffende von jener Welt muss ehrlich und allwissend sein und muss die Fähigkeit besitzen, alles Seinem Willen zu unterwerfen, damit es gewährleistet ist. Anders ausgedrückt, damit der Mensch von maßgebenden und objektiven Wahrheiten der geistlichen Realität wissen kann, muss er von einem allwissenden Gott Informationen erhalten (Psalm 147,5; 1. Johannes 3,20) – einem Gott, der nicht lügen kann (Titus 1,2) und der alles gemäß Seinem wohlwollenden Ratschluss bewirkt (Epheser 1,9). Und genau das haben wir, laut obigem Abschnitt, in der Schrift. Der Mensch hat Informationen erhalten, die absolute Autorität über ihn haben, weil sie *Gottes Wort* sind.

Da die Bibel „von Gott ausgeatmet" ist, ist sie in vierfacher Hinsicht nützlich. Erstens ist sie nützlich zur „Belehrung", das heißt Lehre. Die Bibel ist nützlich, indem sie uns die Wahrheit lehrt. Ohne die Bibel wären wir von der Wahrheit abgeschnitten und wir würden in einer relativistischen Welt leben, in der menschliche Meinungen um die Vorherrschaft kämpfen. Ohne das maßgebende Wort Gottes würde uns nichts anderes bleiben als „Nun, So-und-so sagt dies, aber der andere sagt das Gegenteil." Dem Herrn sei Dank, dass wir uns nicht in dieser Situation befinden. Wir können zur Schrift gehen und sagen: „So spricht der Herr", weil die Bibel von Gott eingegeben ist und deswegen nützlich ist, uns absolute Wahrheit zu lehren.

Zweitens ist die Bibel nützlich zur „Überführung"; das heißt, sie zeigt uns, wo wir gefehlt haben. Das klingt vielleicht negativ, aber hier ist die von Gott „ausgeatmete" Sichtweise: „Es ist besser, auf den Tadel des Weisen zu hören, als dem Gesang der Narren zu lauschen!" (Prediger 7,5). Da Gottes Wort absolut maßgebend und immer richtig ist, dient es als der perfekte Maßstab, mit dem alle unsere Handlungen zu beurteilen sind. Alles, was Gott als gut verkündet hat, ist gut. Alles, was Er als böse verkündet hat, ist böse. Wehe demjenigen, der die beiden gegeneinander austauscht (Jesaja 5,20). Durch Gottes Wort lernen wir, Gutes von Bösem zu unterscheiden. Ohne Sein Wort wären wir einer moralisch subjektivistischen Welt ausgeliefert, in der die Meinung des einen über Moralität genauso gültig (oder ungültig) wäre wie die eines anderen. Aber mit Gottes Wort können wir uns an dem unfehlbaren Maßstab messen und sehen, wo wir ihm mit unserem Leben und unseren Gedanken nicht entsprechen. Ein Mensch, der humanistisch denkt, kann davon nicht profitieren. Er hat keinen Bezugspunkt für Fragen der Moral oder Logik und kann deswegen moralische oder logische Behauptungen nicht rechtfertigen. Gottes Wort ist wahrlich „besser ... als Tausende von Gold- und Silberstücken" (Psalm 119,72).

Drittens ist das Wort Gottes nützlich zur „Zurechtweisung". Welchen Nutzen hat es, überführt zu werden, wenn wir nicht zurechtgewiesen werden? Es wäre dasselbe, wie wenn ein Lehrer seinem Schüler all dessen Fehler nennt und ihm jedoch nie zeigt, wie er sie korrigieren kann. Die Bibel zeigt uns Gottes Sichtweise, wie unser sündhaftes Verhalten zu korrigieren ist.

Viertens ist Gottes Wort nützlich zur „Erziehung". Dieses griechische Wort *paideian* bezieht sich offenbar auf das Training, das notwendig ist, um Korrekturen so tief einzubringen, dass sie zur selbstverständlichen Gewohnheit werden. Gottes Wort trifft den Nagel nicht nur einmal; es hämmert den Nagel der Wahrheit ein, bis er fest in unserem Gewissen und in unserem Leben verankert ist. Wir müssen uns nur seinem heiligenden Einfluss aussetzen (Psalm 119,9-11).

Zu welchem Zweck gibt uns Gott eine maßgebende und somit nützliche Offenbarung? 2. Timotheus 3,17 besagt, dass Gottes Wort einen Menschen „ganz zubereitet", was hier die Bedeutung hat, dass etwas einer Aufgabe entsprechend ausgestattet wird. Welche Aufgabe? Die Antwort finden wir im folgenden Satz: „... zu jedem guten Werk völlig ausgerüstet". Man könnte auch sagen: „komplett ausgestattet für jedes gute Werk". Anders ausgedrückt, Gottes Wort wurde uns gegeben, um uns auszurüsten, damit wir jedes gute Werk vollbringen können. *Dies setzt notwendigerweise voraus, dass uns die Bibel die Mittel gibt, mithilfe derer wir in jeder Situation Gutes und Böses unterscheiden können.* Und dies ist die Antwort auf unsere ursprüngliche Frage: Reicht Gottes Wort aus, um uns in jeder Situation anzuleiten? Ja, die Bibel wurde gegeben, um uns für jedes gute Werk vollständig auszurüsten.

Die Hinlänglichkeit der Bibel in unserer Zeit

Natürlich spricht die Bibel nicht jedes moderne Thema an. Wie kann sie uns dann in Bereichen, über die sie nichts sagt, Anleitung geben?

In Matthäus 22,29-33 hilft uns Jesus, diese Frage zu beantworten. Mehrere Sadduzäer (eine religiöse Gruppe unter den Juden, die die Auferstehung leugnete und glaubte, dass nur die fünf Bücher Mose von Gott eingegeben waren) beschrieben Jesus ein Szenario, in dem eine Frau siebenmal verheiratet gewesen war, da ihre Männer alle nacheinander gestorben waren. Am Ende ihres Lebens hatte sie sieben Ehemänner gehabt und dann starb sie selbst. „Wem von den Sieben wird sie nun in der Auferstehung als Frau angehören?", fragten die Sadduzäer Jesus, wobei sie dachten, dass sie damit die Unmöglichkeit der Auferstehung bewiesen hätten (Matthäus 22,28). Jesus antwortete ihnen mit den folgenden Worten:

Aber Jesus antwortete und sprach zu ihnen: Ihr irrt, weil ihr weder die Schriften noch die Kraft Gottes kennt. Denn in der Auferstehung heiraten sie nicht, noch werden sie verheiratet, sondern sie sind wie die Engel Gottes im Himmel. Was aber die Auferstehung der Toten betrifft, habt ihr nicht gelesen, was euch von Gott gesagt ist, der spricht: „Ich bin der Gott Abrahams und der Gott Isaaks und der Gott Jakobs"? Gott ist aber nicht ein Gott der Toten, sondern der Lebendigen. Und als die Menge dies hörte, erstaunte sie über seine Lehre. (Matthäus 22,29-33)

Jesus gab eine zweifache Antwort. Erstens zeigte er, dass eine der Voraussetzungen, von denen sie ausgegangen waren, falsch war. In ihrer Argumentation gegen die Auferstehung hatten sie angenommen, dass das Leben nach dem Tod dem jetzigen Leben gleicht – dass Ehebeziehungen bestehen bleiben. Ihre ganze Argumentation gegen die Auferstehung baute auf dieser Annahme auf. Aber Jesus erläuterte, dass es im Leben nach dem Tod keine Ehe gibt. Die gesamte Ausgangsbasis ihrer Gegenrede war somit fehlerhaft.

Zweitens begründete er die Auferstehung mit dem Pentateuch (den fünf Büchern Mose), also dem Teil des Alten Testaments, den sie anerkannten. Er sagte ihnen im Wesentlichen, dass sie von 2. Mose 3,6 hätten schließen sollen, dass es tatsächlich ein Leben nach dem Tod und eine Auferstehung gibt. Jesus argumentierte folgendermaßen: Gott sprach von Abraham, Isaak und Jakob in einer Weise, die deutlich machte, dass sie nach ihrem Tod immer noch lebten; deswegen musste es ein Leben nach dem Tod und eine Auferstehung geben. Obwohl es im Pentateuch keine klare Aussage bezüglich einer Auferstehung gibt, hätten die Sadduzäer es doch zwischen den Zeilen lesen können. Anders ausgedrückt, Jesus erwartete von ihnen, dass sie von der Schrift Schlüsse ziehen sollten.

Fakten, die unterstützen, wie Jesus 2. Mose 3,6 verwendete

5. Mose 1,8 sagt, dass Gott schwor, Abraham, Isaak, Jakob und ihren Nachkommen das Land (Kanaan) zu geben. 1. Mose 17,8 sagt, dass Gott das Land sowohl den Patriarchen als auch ihren Nachkommen für immer geben würde. Aber die Patriarchen erhielten nie das Land. Brach Gott Sein Versprechen gegenüber jenen Männern des Alten Testaments? Nur dann, wenn es keine Auferstehung gibt. Diese Verse aus dem Pentateuch bringen einen Menschen dazu, genau das zu erwarten, was sich laut Hebräer Abraham vorstellte – eine Auferstehung von den Toten (Hebräer 11,9). Gottes Wort gilt immer noch – die Patriarchen selbst werden das Land für immer besitzen.

Beachte die Schlussfolgerungen, die Jesus von den Sadduzäern erwartete. Erstens zitiert Jesus 2. Mose 3,6: „Ich bin der Gott ... Abrahams, der Gott Isaaks und der Gott Jakobs." Dann folgt eine Reihe möglicher Schlussfolgerungen, die zu der Folgerung führen, dass es eine Auferstehung von den Toten geben wird (die erste Schlussfolgerung wird von Jesus ausdrücklich genannt; die übrigen sind impliziert): (a) Gott ist nicht ein Gott der Toten, sondern der Lebendigen; (b) deswegen lebten Abraham, Isaak und Jakob nach ihrem Tod; (c) da es unmöglich ist, die Verheißungen, die den Patriarchen gegeben wurden, (z. B. 1. Mose 17,8) als ewig unerfüllt anzusehen, werden eines Tages diese Patriarchen mit ihren Leibern wiedervereint werden. Die Worte von 2. Mose 3,6 behandeln für sich genommen nicht die Tatsache, dass die Sadduzäer die Auferstehung ablehnten. *Jesus Christus erwartete von ihnen, dass sie biblische Feststellungen mit logischen Schlussfolgerungen kombinierten, um zum richtigen Schluss zu gelangen. Er erwartete, dass sie biblisch argumentieren würden.*

Diejenigen, die den Willen Gottes in der Bibel finden wollen, tun dies die ganze Zeit. Sie erkennen instinktiv Stellen in der Schrift, die einem bestimmten Problem, mit dem sie gerade konfrontiert sind, entsprechen, und sie wenden jenen Bibelvers oder Abschnitt auf ihre Situation an.

Hier ist ein Beispiel: Ein Realschüler ist versucht, Zigaretten zu rauchen. Er ist in unserem Fall ein gläubiger Christ, der ein starkes Verlangen hat, Gott wohlzugefallen, aber andere, die wollen, dass er raucht, sagen, dass Rauchen nichts Schlechtes sei. Und als er antwortet, dass es sich für einen Christen nicht gehört, machen sie sich über ihn lustig und erklären, dass die Bibel das Rauchen überhaupt nicht erwähnt; also, sagen sie, ist es nicht verkehrt. Haben sie damit Recht? Ist der gläubige Realschüler zimperlich und ein Pharisäer? Der gottesfürchtige Schüler erforscht die Schrift, um herauszufinden, wie Gott darüber denkt, und entdeckt 1. Korinther 6,19-20.

> *Oder wisst ihr nicht, dass euer Leib ein Tempel des in euch wohnenden Heiligen Geistes ist, den ihr von Gott empfangen habt, und dass ihr nicht euch selbst gehört? Denn ihr seid teuer erkauft; darum verherrlicht Gott in eurem Leib und in eurem Geist, die Gott gehören! (1. Korinther 6,19-20)*

Was den ursprünglichen Zusammenhang angeht, wurden diese Verse an die Korinther geschrieben, um ihre Toleranz gegenüber sexueller Unmoral zu bekämpfen (siehe die vorhergehenden Verse). Aber das Prinzip, dass unsere Leiber heilig sind und wir sie deswegen nicht schädigen oder verunreinigen dürfen (siehe auch 1. Korinther 3,17), gilt auch für anders geartete Situationen. Aufgrund der modernen medizinischen Erkenntnisse, denen zufolge Rauchen die Gesundheit schädigt, ist es logisch, 1. Korinther 6,19-20 auf das Rauchen wie auch auf jede andere Tätigkeit, die den Körper schädigt, anzuwenden.

Bei dem Thema Rauchen wird in ähnlicher Weise vorgegangen wie bei dem, was wir in Matthäus 22 sahen. Ein Christ wird mit der Frage konfrontiert, ob Rauchen okay ist: (a) 1. Korinther 6,19-20 lehrt, dass wir Gott in unseren Leibern verherrlichen sollen, da der Heilige Geist in ihnen wohnt; (b) wie wir von der Medizin her wissen, schädigt Rauchen unsere Leiber; (c) wir würden Gott nicht in unseren Leibern verherrlichen, wenn wir diese absichtlich schädigen (vgl. 1. Korinther 3,17); (d) deswegen ist Rauchen für einen Christen nicht angebracht.

Verdrehte Schlussfolgerungen vermeiden

Es ist durchaus möglich, sowohl gute wie auch dürftige Schlussfolgerungen aus der Schrift zu ziehen. Viele von uns können sich an eine Situation erinnern, wo jemand, den wir kannten, von einem Abschnitt etwas folgerte und wir dachten, wie konnte er nur von jenen Versen zu diesem Schluss gelangen? Wir müssen darauf achten, dass wir die biblischen Überlegungen, die unseren Folgerungen zugrunde liegen, erklären. Wenn wir das nicht tun, selbst wenn unsere Schlussfolgerung biblisch ist, dann sind andere nicht in der Lage, dies zu erkennen. Einer, der Gottes Wort lehrt, muss die Wahrheit so verwenden, wie es Salomo beschreibt: „Die Worte der Weisen sind wie Treiberstacheln, und wie eingeschlagene Nägel die gesammelten [Aussprüche]; sie sind von einem einzigen Hirten gegeben" (Prediger 12,11). Die Wahrheit muss in den Gedanken und Herzen der Menschen befestigt werden. Ein zögerlicher Schlag reicht nicht aus, um zu überzeugen. Die Wahrheit muss durch gut fundierte, biblische Überlegungen fest angebracht werden.

Wie können wir es vermeiden, Schlüsse zu ziehen, die nicht überzeugen oder sogar falsch sind? Wie befestigen wir die Wahrheit in unseren Gedanken und in denen anderer? In der folgenden Erörterung werden einige Grundprinzipien genannt.

Im Überblick:
Wie man biblische Überlegungen anstellt
(bzw. die richtigen Schlussfolgerungen zieht)

1. Kenne dich in deiner Bibel gut aus.
2. Kenne den Zusammenhang, den geschichtlichen Hintergrund sowie die ursprüngliche Absicht hinter den speziellen Versen, die du anwenden willst.
3. Zeige auf, dass es berechtigt ist, den Text auf die heutige Situation anzuwenden.
4. Versuche, so viel wie möglich über das Thema der Gegenwart zu wissen.
5. Achte darauf, dass du keiner klaren Aussage der Schrift widersprichst.
6. Lass die Bibel sich selbst auslegen und Anwendung finden.
7. Bitte um die Erleuchtung des Heiligen Geistes.

Erstens musst du dich *in deiner Bibel gut auskennen*. Als schlechtes Beispiel dient ein Mann, der einmal voller Überzeugung behauptete, dass König Salomo ein Afrikaner war. Er begründete dies mit einer Aussage im Hohelied Salomos: „Schwarz bin ich" (1,5). Verwirrt dich das, weil du weißt, dass Salomo Davids und Bathsebas Sohn war (die beide semitischer Abstammung waren)? Lies den Abschnitt selbst durch. Auch wenn du ihn nur flüchtig liest, solltest du ohne Probleme erkennen, dass diese Aussage nicht von den Lippen Salomos, sondern von denen seiner Verlobten kam. Außerdem wies das Wort *schwarz* zur damaligen Zeit in Israel nicht unbedingt auf jemanden afrikanischen Ursprungs hin, wie das vielleicht heute der Fall ist. Stattdessen scheint der Zusammenhang des Abschnitts darauf hinzudeuten, dass jemand ganz einfach von der Sonne gebräunt war. Der Mann, der glaubte, dass Salomo ein Afrikaner war, dachte wahrscheinlich, da das Buch den Titel „Das Hohelied Salomos" trägt, dass jedes Wort darin von Salomo selbst stammte. Er nahm außerdem an, dass die Wörter in der Bibel nur die Bedeutung haben, die er ihnen auf den ersten Blick hin zuschrieb. Diese zwei Irrtümer wurden von jemandem begangen, der mit der Bibel nicht vertraut war. Ein Mensch, der die Schrift nicht kennt, sollte keine Schlussfolgerungen ziehen. Wollte er es doch versuchen, würde er meistens damit falsch liegen.

Zweitens musst du *den Zusammenhang, den geschichtlichen Hintergrund sowie die ursprüngliche Absicht hinter den speziellen Versen, die du anwenden willst, kennen*. Viele haben die biblische Aussage von 1. Mose 31,49 verwendet, um jemanden, den sie lieben und der für einige Zeit fern von zu Hause sein wird, zu trösten. „Der HERR wache zwischen mir und dir, wenn wir einander nicht mehr sehen!" Klingt sehr geistlich und tröstend. In ihrem ursprünglichen Zusammenhang hatten diese Worte jedoch eine ganz andere Bedeutung. Es sind die Worte, mit denen sich Laban an Jakob wandte und mit denen er zum Ausdruck bringen wollte: „Möge der Herr dich im Auge behalten, wenn ich es nicht kann." Eine sorgfältige Untersuchung des Zusammenhangs zeigt auf, dass diese Worte von einem argwöhnischen und habgierigen Mann gesprochen wurden, der Angst hatte, dass Jakob ihn ausnützen würde. Wenn du den Zusammenhang eines Abschnitts missverstehst, dann führt dies dazu, dass du Gott missverstehst und Dinge glaubst, die nicht von Ihm stammen, sondern in Wirklichkeit deiner eigenen Vorstellung entsprungen sind.

Es ist keine theologische Katastrophe, 1. Mose 31,49 zu gebrauchen, um beispielsweise einen angehenden Studenten zu trösten, der zum ersten Mal für längere Zeit das Zuhause verlässt. Wenn es aber zur Gewohnheit wird, die Schrift zu verwenden, ohne den geschichtlichen Hintergrund und Zusammenhang zu beachten, kann das katastrophal sein. Es gibt viele wichtige christliche Lehren, die man nur dann verfechten kann, wenn man den Verlauf der Argumentation eines Abschnitts bewertet. Wenn du dich nie bemühst, diese Argumentationen zu verfolgen, wirst du einige der kostbarsten Schätze der Bibel niemals entdecken können und möglicherweise verhängnisvollen Irrtümern erliegen.

Drittens, wenn du den Zusammenhang, den geschichtlichen Hintergrund und die ursprüngliche Absicht der Verse verstanden hast, kannst (und musst) du *aufzeigen, dass es berechtigt ist, den Text auf die heutige Situation anzuwenden.* Matthäus 7,1, „Richtet nicht, damit ihr nicht gerichtet werdet!", ist wahrscheinlich einer der Verse in der Bibel, der am häufigsten falsch angewendet wird, weil die Leute nicht verstehen, warum er überhaupt ausgesprochen wurde. Deswegen sind sie nicht in der Lage zu erkennen, wie er in der heutigen Zeit rechtmäßig anzuwenden ist. Leute verwenden ihn, um denen zu widersprechen, die moralisch bewertende Aussagen machen. Und oft folgt dieser Anwendung ein höhnisches „Wer gibt *dir* das Recht, *mich* zu kritisieren?" Kann man aufzeigen, dass diese Anwendung berechtigt ist?

Auf was weist der Zusammenhang hin? Vers 1 gibt die Anordnung, dass wir nicht richten sollen. Vers 2 nennt einen Grund dafür, nicht zu richten: du wirst mit demselben Maßstab gerichtet werden, mit dem du andere richtest. Wenn jemand nur bis zu dieser Stelle liest, wäre er durch nichts von der falschen Auslegung, die im vorhergehenden Absatz erwähnt wurde, abzubringen. „Keiner hat das Recht, einen anderen zu richten, weil wir alle Sünder sind; und es wird unsere Lage nur verschlimmern, wenn wir Leute richten."

Aber der logische Verlauf dieses Abschnitts endet nicht mit Vers 2. Jesus fährt fort und stellt mehrere Punkte klar. Verse 3-5 legen im Wesentlichen dar, dass es unmöglich ist, einen geringfügigen Fehler im Leben eines anderen in rechter Weise zu korrigieren, wenn man selbst mit einem viel größeren behaftet ist. Dies gibt uns einen Hinweis darauf, an wen sich Jesus mit dieser Erläuterung bezüglich des Richtens wendet. Er wendet sich damit an diejenigen, die total unempfindlich sind, was die massiven geistlichen Probleme („Balken") in ihrem eigenen Leben angeht, während sie überempfindlich auf die geringfügigen Probleme („Splitter") im Leben anderer reagieren. Vers 5 befiehlt dir sogar, die Probleme anderer zu richten – aber erst, nachdem du dein eigenes Leben in Ordnung gebracht hast. Somit wird die falsche Anwendung, die häufig gemacht wird, durch den Zusammenhang ausgeschlossen. Jesus befiehlt Menschen, die aufgrund von Sünde nicht mit Gott wandeln, das Richten zu unterlassen, da es ihre Lage nur verschlimmern würde. Bringe zuerst dein eigenes Leben in Ordnung und dann wirst du klar sehen können, um andere in rechter Weise zu richten, ohne dich selbst zu verurteilen.

Aus diesem Grunde ist Matthäus 7,1 nicht an jemanden gerichtet, der moralische Unterscheidung ausübt. Stattdessen wendet sich der Vers an Menschen, die allzu kritisch sind und die Fehler im Leben anderer richten und verurteilen, ohne ihre eigenen zu sehen. Diejenigen, die Matthäus 7,1 falsch anwenden, tun dies, weil sie den Vers nicht in seinem Zusammenhang verstehen; deswegen können sie nicht aufzeigen, dass ihre Anwendung auf das zur Debatte stehende Thema berechtigt ist.

Viertens musst du *so viel wie möglich über das Thema der Gegenwart wissen*. Dies macht es oftmals erforderlich, medizinische Zusammenhänge korrekt zu verstehen – wie zum Beispiel im Fall des Rauchens zu wissen, dass es für den Körper schädlich ist. Ohne jene medizinische Erkenntnis bricht die gesamte vorherige Argumentation gegen das Rauchen zusammen. Um über ein Thema Bescheid zu wissen, muss man außerdem oft den geschichtlichen Hintergrund der Situation richtig begreifen (was beispielsweise notwendig ist, wenn man das Phänomen der Rockmusik bewerten will). Darüber hinaus muss man, wenn man ein Thema ganz und gar verstehen will, unbedingt wissen, wie es in der heutigen Gesellschaft gesehen wird. Häufig ist dies einer der ersten Schritte, bevor man überhaupt einen bestimmten Abschnitt in der Bibel auslegt.

Fünftens musst du *darauf achten, dass du keiner klaren Aussage der Schrift widersprichst*, wenn du eine Anwendung machst oder eine Schlussfolgerung ziehst. Zum Beispiel fordert die Schrift Gottes Volk wiederholt dazu auf, zwischen Wahrheit und Irrtum zu unterscheiden (Matthäus 7,15-16; 1. Korinther 2,15; Epheser 5,10; 1. Thessalonicher 5,21). Demzufolge widerspricht jeder, der behauptet, dass Matthäus 7,1 das Unterscheiden verbietet, diesen klaren Aussagen. Die Pharisäer in Markus 7,10-13 hatten eine sehr geistlich klingende Regel, wie sie Geldmittel dem Herrn weihten, sodass sie diese nicht für ihre alten, bedürftigen Eltern aufwenden mussten. Obwohl jene Mittel dem Herrn geweiht waren, befanden sie sich immer noch im Besitz der ursprünglichen Eigentümer und wurden von ihnen verwendet. Menschen gebrauchten somit Geld in selbstsüchtiger Weise unter dem Deckmantel der Hingabe zu Gott, während ihre vernachlässigten Eltern Not litten. Dadurch klang die Regel der Pharisäer geistlich, aber in Wirklichkeit missachteten und übertraten sie dadurch Gottes Gebot, Vater und Mutter zu ehren.

Sechstens: *lass die Bibel sich selbst auslegen und Anwendung finden*. Die überzeugendsten Folgerungen und Anwendungen sind diejenigen, die von deutlichen Parallelstellen in der Bibel unterstützt werden. Erinnere dich, dass bei der Diskussion mit den Sadduzäern in Matthäus 22 die Schlussfolgerung, die von 2. Mose 3,6 gezogen wurde, viel leichter verstanden und akzeptiert werden kann, wenn sie im Zusammenhang mit 1. Mose 17,8 und 5. Mose 1,8 gesehen wird. Beachte außerdem, wie 1. Korinther 3,17 verstärkte, was 1. Korinther 6,19-20 in Bezug auf das Rauchen aussagte.

Und schließlich: *bitte um die Erleuchtung des Heiligen Geistes*. Ohne das Wirken des Geistes, der uns Verständnis schenkt, werden wir Wahrheit nie begreifen. Glaube nie, dass errettete Menschen es nicht benötigen, um die Erleuchtung des Heiligen Geistes zu bitten. Im Alten und Neuen Testament war Gottes Volk immer in dieser Weise von Gott abhängig (Psalm 119,27; Epheser 1,15-18). Ohne den Dienst des Heiligen Geistes sind wir geistliche Schwachköpfe (1. Korinther 2,14); also flehe Gott an: „Öffne mir die Augen, damit ich sehe die Wunder in deinem Gesetz!" (Psalm 119,18).

Beständiges und beharrliches Forschen in der Schrift ist notwendig, um korrekt von der Schrift zu folgern. Diejenigen, die mit dem ganzen Ratschluss Gottes nicht vertraut sind, werden unweigerlich zu dürftigen Schlussfolgerungen gelangen. Glücklicherweise kann die Vertrautheit mit der Schrift jedoch zunehmen; und durch harte Arbeit und inniges Gebet kann die Weisheit unseres Wandels auf dem Weg des Wortes ebenfalls zunehmen.

Unterscheidungstraining

Was hältst du von den folgenden Schlussfolgerungen? Verteidige deinen Standpunkt anhand der Schrift, mit Beobachtungen bezüglich des Zusammenhangs und biblischer Argumentation. Erkläre die folgenden Schlüsse nicht für falsch, nur weil du persönlich etwas anderes bevorzugst. Fälle erst dann ein Urteil, wenn du die jeweilige Aussage genau untersucht hast und du fundiert und biblisch argumentieren kannst. Akzeptiere nichts auf den bloßen Anschein hin. Viele dieser Behauptungen erfordern ein gründliches Nachforschen. Einige sind leichter zu klären. Mehrere Aussagen sind Irrlehren, die Menschen zur Verdammnis führen (5, 6 und 9 sind geschichtlich so aufgefasst worden). Andere sind falsch, obwohl ein Mensch nicht zur Hölle verdammt wird, wenn er sie glaubt. Alle müssen mittels der Schrift angefochten werden.

1. *Matthäus 5,39: „Wir als Einzelne dürfen uns nie gegen diejenigen zur Wehr setzen, die Gewalt anwenden." (Pazifismus)*
2. *Matthäus 5,48: „Wir können in diesem Leben vollkommen werden." (Perfektionismus)*
3. *Markus 10,21: „Wenn wir Jesus nachfolgen wollen, sind wir verpflichtet, all unseren Besitz zu verkaufen."*
4. *Matthäus 23,9: „Wir dürfen außer Gott niemanden in diesem Leben ‚Vater' nennen."*
5. *Markus 14,22-24: „Das Brot und der Wein bei der Kommunion werden zum buchstäblichen Leib und Blut Jesu." (Transsubstantiation)*
6. *Hesekiel 33,15: „Die Menschen haben die Fähigkeit in sich, (ohne den Beistand Gottes) zu entscheiden und Gott wohlzugefallen." (Pelagianismus)*
7. *1.Korinther 9,22: „Genau wie Paulus müssen wir unsere Standards opfern, um Menschen mit dem Evangelium zu erreichen. Es gibt nichts Wichtigeres, als dass Menschen errettet werden."*
8. *Galater 5,18: „Das Sittengesetz des Alten Testaments hat keine Autorität über Christen. Wir müssen jene Gesetze nicht einhalten." (Antinomianismus)*
9. *Jakobus 2,24: „Die Bibel lehrt ausdrücklich, dass ein Mensch vor Gott gerechtfertigt ist, wenn er Gutes tut. Gott gewährt Menschen aufgrund ihrer guten Werke in diesem Leben Zutritt in den Himmel." (Errettung durch Werke)*

Wenn ein Problem der Gegenwart zuvorkommt

Christen werden oft zuerst mit Fragen der Gegenwart konfrontiert und müssen dann mit der Suche nach Bibelstellen beginnen, die ihnen dabei helfen werden, sich mit dem jeweiligen Thema auseinanderzusetzen. Dabei stellt sich das Problem, dass es allzu einfach ist, sich an einem bestimmten Abschnitt in der Bibel festzuklammern, der sich jedoch, wie sich nach weiterem Nachforschen herausstellt, nur teilweise oder gar nicht auf das zu klärende Thema bezieht. Wir stellen nun folgende Fragen: *Wenn wir uns einem Problem gegenübersehen, das wir noch nicht im Licht der Schrift bewertet haben, wie finden wir Bibelstellen, die dieses Problem direkt ansprechen?* und *Wie zeigen wir auf, dass die Bibelstellen anwendbar sind?*

Die Antwort auf beide Fragen lautet, dass wir das Problem der Gegenwart im Licht einer allgemeinen christlichen Weltanschauung verstehen und erklären müssen. Oft wissen Menschen nicht, wie sie Bibelstellen auf Probleme in der Welt anwenden sollen, weil sie die Welt selbst nicht verstehen. Gott erschuf die Welt, versteht sie vollkommen in ihrem sündhaften Zustand und hat uns in der Schrift ein klares Zeugnis darüber gegeben. Wenn wir jenes Zeugnis nicht begreifen, dann werden wir nicht wissen können, wie die Welt wirklich ist. Christen müssen grundlegende Wahrheiten über die Welt und die sündhafte Natur des Menschen verstehen, wobei diese Wahrheiten zeitlos gültig sind. Wenn man dies versäumt, ist das Resultat häufig eine Anwendung, die mehr oder weniger falsch ist. Da das Thema der Gegenwart, das wir erörtern, das Internet ist, müssen wir das Internet zu der restlichen Welt, die von Gott erschaffen wurde, in Beziehung setzen. Die folgende Diskussion entspricht im Wesentlichen Schritt vier der obigen Auflistung: *Versuche, so viel wie möglich über das Thema der Gegenwart zu wissen.* (Essays 3, 4 und 5 werden dir ebenfalls dabei helfen, das Thema besser zu verstehen.)

Die Welt

Wenn wir nicht wissen, wie die Bibel unsere Welt sieht, führt dies dazu, dass wir nicht begreifen können, wie unsere Welt wirklich ist, was zur Folge hat, dass wir nicht in der Lage sind, die Auswahl der Bibelstellen, die wir im Leben anwenden wollen, zu rechtfertigen. Wir werden das Internet mehr aus Gottes Perspektive sehen können, wenn wir die folgenden Prinzipien betrachtet haben.

Das griechische Wort, das in der Bibel am häufigsten mit *Welt* übersetzt wird, ist das Wort *kosmos*. Es hat eine Reihe möglicher Bedeutungen, die vom jeweiligen Zusammenhang bestimmt werden. Es kann die Erdkugel im Weltall bedeuten, auf der wir leben (Johannes 21,25; Apostelgeschichte 17,24); die gesamte Menschheit (Johannes 1,29) oder die menschliche Gesellschaft oder Kultur als ein System gegen Gott (Johannes 15,19; 17,6.9.14; 1. Korinther 1,21; 11,32).

Eine sehr interessante und aufschlussreiche Verwendung von *kosmos* findet man in 1. Petrus 3,3: „Euer Schmuck [*kosmos*] soll nicht der äußerliche sein, Haarflechten und Anlegen von Goldgeschmeide oder Kleidung." Petrus verwendet das Wort hier, um die Anordnung des Gewandes einer Frau zu beschreiben, wobei es um ihre ganze Erscheinung, einschließlich Kleidung, Schmuck und Frisur geht. Warum gebrauchte Petrus dieses Wort, um das Aussehen einer Frau zu beschreiben? In dem Wort scheint unter anderem die Bedeutung „System", „Anordnung" bzw. „Ordnung" enthalten zu sein. Die Verfasser in der Bibel verwenden den Ausdruck, um die Ordnung der erschaffenen Erdkugel, die allgemeine Ordnung der Menschheit, die Ordnung der Menschheit, die sich gegen Gott stellt, und das Aussehen einer Frau zu beschreiben.

Gottes gute Schöpfung und die böse Natur des Menschen

Ist Gottes physische Schöpfungsordnung schlecht oder gut? Als Gott in 1. Mose 1 sagte, dass Seine Schöpfung „sehr gut" war, drückte Er damit aus, dass sie Ihm in vollkommener Weise wohlgefiel, oder möglicherweise auch, dass in ihr alles perfekt funktionierte. Seine Feststellung ist ein Ausdruck Seiner Zufriedenheit. Als der Mensch sündigte, erlitt die Schöpfung *physischen* Schaden (1. Mose 3,17-18; Römer 8,22), aber durch jenen Schaden wurde die physische Schöpfung nicht in die Kategorie von etwas *moralisch* Schlechtem oder Bösem platziert. Natürlich ist Gott mit dem gegenwärtigen Zustand von Verfall, Krankheit und Tod nicht zufrieden; aber die physische Schöpfung wird immer noch als etwas Wunderbares und Gutes angesehen (1. Timotheus 4,4; 6,17; Titus 1,15). Nichts in der Schöpfung (nicht einmal Fleisch, dass Dämonen geopfert wird) ist *moralisch* verderbt (siehe 1. Korinther 10,25-26 in seinem Zusammenhang). Dinge in Gottes Schöpfung werden nicht auf dich „abfärben" und dich in Gottes Augen moralisch verunreinigen. Die Schöpfung gehört Gott (Psalm 24,1) und sollte nicht als schlecht angesehen werden.

1. Timotheus 4,4 sagt: „Denn alles, was Gott geschaffen hat, ist gut, und nichts ist verwerflich ..." Der nachfolgende Zusammenhang weist darauf hin, dass Dinge nur dann gut sind, wenn sie mit Danksagung und Gebet empfangen werden. Dies untermauert sogar die Tatsache, dass alle Dinge „gut" sind. Gott bezeichnet Dinge in der Schöpfung als „gut" oder „schlecht" auf der Grundlage des Herzens desjenigen, der sie gebraucht. „Den Reinen ist alles rein; den Befleckten aber und Ungläubigen ist nichts rein, sondern sowohl ihre Gesinnung als auch ihr Gewissen sind befleckt" (Titus 1,15). Dieser Vers zeigt auf, dass sich Moralität im Herzen des Menschen befindet und nicht in dem Gegenstand, den der Mensch verwendet. Der verwendete Gegenstand wird nicht zu etwas Bösem, wenn jemand damit sündigt (1. Korinther 10,25-26). Aber die Person wird böse. Das Herz des Menschen missbraucht. Dinge auf dieser Erde sind in der Kategorie „missbraucht". Mit all dem soll zum Ausdruck gebracht werden, dass Gott die Schöpfung als gut ansieht, aber dass sie unter den schweren Auswirkungen der Rebellion des Menschen gegen Gott leidet. Wie wirken sich diese Tatsachen auf Christen aus?

Anstatt sich als von der Welt verunreinigt zu sehen, sollten sich Menschen als diejenigen betrachten, die verunreinigen. Sie sind nicht in Gefahr, *durch* Dinge in der Welt *verunreinigt zu werden*, sondern sie sind in Gefahr, *sich selbst mit* Dingen in der Welt *zu verunreinigen*. Menschen können vor Gegenständen und Orten fliehen, aber sie können nie dem wirklichen Problem, das in ihnen steckt, entkommen. Mönche in der Zeit des Mittelalters trieben es mit ihrem Rückzug von der Welt bis zum Extrem – und mussten erkennen, dass sie selbst in ihren spartanischen Zellen jedes beliebige Ding verunreinigen konnten, sogar ihr Wasser und Brot. Auch die Strohmatte, auf der sie schliefen, konnte zu einem Gegenstand werden, an das sich ein götzendienerisches Herz hängte. Kurz und einfach zusammengefasst: „Es ist leicht, den Christen aus der Welt herauszubekommen; es ist schwer, die Welt aus dem Christen herauszubekommen."

Es ist sehr wichtig, dass du diese biblischen Tatsachen in deine Weltanschauung einbringst. Wenn du dies nicht tust, können sich verschiedene lehrmäßige oder persönliche Probleme ergeben. Zum Beispiel waren die Pharisäer anmaßend und übertrieben gewissenhaft – zum Teil, weil sie glaubten, dass der Kontakt mit bestimmten physischen Gegenständen eine Person automatisch in moralischer Hinsicht verunreinigen würde. Jesus berichtigte diese fehlerhafte Annahme (Markus 7,14-16). Heutzutage verhalten sich Christen nur selten so extrem wie die Pharisäer. Aber viele Christen, die in rechter Weise um persönliche Heiligkeit besorgt sind, haben doch ein ähnliches Problem. Sie betrachten ihr Leben als einen Kampf gegen gewisse „schlechte Dinge" und übersehen die Tatsache, dass es im christlichen Leben stattdessen darum geht, als sündhafte Wesen eine persönliche Beziehung zu einem heiligen Gott zu haben. Sie betrachten Dinge und Tätigkeiten als den Feind und können doch gegen die Raffiniertheiten ihrer eigenen trügerischen Herzen unempfindlich werden. Sie können bestimmte Tätigkeiten und Gegenstände fürchten oder eine Abneigung gegen sie verspüren, wobei die größte Gefahr jedoch ihr eigenes Herz ist. Es ist möglich, dass sie unbewusst die Moralität auf den Gegenverstand verlagern – und somit die Verantwortung darauf abwälzen – und sich über das „Ding", das sie zu Fall brachte, ärgern, anstatt sich mit ihrem Herzen auseinanderzusetzen, Sünde zu bereuen und Buße zu tun. Weltlichkeit kann für sie in erster Linie Kontakt mit Gegenständen oder Beschäftigung mit bestimmten Tätigkeiten bedeuten, wobei sie übersehen, in wie vielfältiger Weise ihre eigenen Herzen Weltlichkeit zum Ausdruck bringen. Du musst bei der Lektüre des vorliegenden Buches über das Internet erkennen, dass die Technologie an sich nicht böse ist. Das Problem ist, was böse Menschen mit dieser Technologie machen. Denke nicht, dass der Computer auf deinem Schreibtisch das Problem ist. Betrachte das Internet nicht als ein riesiges „Spinnennetz des Übels", das tabu sein sollte. Erkenne, wo das Problem wirklich ist – im Herzen der Menschen und in deinem Herzen.

Wie böse ist das Herz des Menschen? Da der Mensch gegen Gott gesündigt hat, sind alle Menschen mit einer sündigen Natur behaftet, die außerstande ist, Gott wohlzugefallen (Hiob 15,16; Römer 7,18; 8,5-8; Galater 5,16-21; Epheser 2,3). Jeder Impuls des menschlichen Herzens ist sündhaft (1. Mose 6,5). Der Mensch ist ein verhärteter Rebell, der auch als Gottesverächter beschrieben wird (Römer 1,30). Was das Ganze noch schlimmer macht, ist die Tatsache, dass der Mensch von einem mächtigen dämonischen Wesen, das den Menschen nur zerstören will, angetrieben wird (Epheser 2,1-3). Des Weiteren macht Gott den Menschen für jede böse Tat, die er begeht, ganz und gar verantwortlich. Sogar jedes Wort wird nach dem Tod gerichtet werden (Matthäus 12,36-37; Hebräer 9,27). Und überdies bedeutet das Begehen einer einzelnen Sünde in Gottes Augen, dass Sein gesamtes Gesetz gebrochen worden ist (Jakobus 2,10) und dass es die Hölle verdient (Galater 3,10).

Die Erde: ein weites Versuchsgelände

Da Gott mit dem Maßstab Seines Urteils so streng ist und der Mensch sündhaftig ist und Gott nicht wohlgefallen kann, befindet sich der Mensch in einer sehr misslichen Lage. Gott hat jedoch in Seiner Gnade durch den Kreuzestod Jesu Christi dem Menschen den Weg der Errettung bereitet. Und aufgrund dieser Gnade ist die Welt voll von Menschen, die immer noch von Gott entfremdet sind, wie auch von denen, die Gottes Kinder sind (Matthäus 13,38). Diejenigen, die wahrlich Gottes Kinder sind, werden am Glauben festhalten, „die Welt" überwinden (was hier die Menschheit, die sich gegen Gott stellt, bedeutet) und letztlich vor dem Ausgießen des Zornes Gottes auf die Menschheit errettet werden (Hebräer 3,14; 1. Johannes 5,4; Offenbarung 2,11).

Wenn man die Erde aus dieser Perspektive betrachtet, wird sie zu einem sehr ernüchternden Ort. Sie ist ein weites Versuchsgelände, in dem die Kinder Gottes von den Kindern des Bösen unterschieden werden. Das Leben wird zu einer Arena, in der die Kinder Gottes dadurch offenbart werden, indem Gott durch sie die Werke vollbringt, die Er die ganze Zeit für sie geplant und vorbereitet hat (Epheser 2,10; Philipper 2,13). Erst am Ende des Zeitalters werden der Weizen und das Unkraut für immer von einander getrennt (Matthäus 13,30). Der Weizen muss während der gesamten Zeit hier auf der Erde vermischt mit dem Unkraut leben.

Diese Art von Welt ist es, in der christliche Teenager leben, Entscheidungen treffen, handeln, denken und aufwachsen. Und Gott wird sie dafür richten, wie sie sich in all dem verhalten (Prediger 11,9). Das Leben in der Welt Gottes ist kein Spiel. Das Leben eines jeden Menschen offenbart, wo er die Ewigkeit verbringen wird. Diejenigen, die errettet sind, hören damit auf, ständig und gewohnheitsmäßig zu sündigen (1. Johannes 3,9). Sie missbrauchen nicht mehr die Welt, in der sie leben (1. Korinther 7,31). Aber jene, die nicht errettet sind (egal, ob sie das bekennen oder nicht), hören nicht auf zu sündigen (1. Johannes 3,10). Somit werden die Kinder des Lichtes und die Kinder der Finsternis dadurch offenbar, wie sie sich in der Welt verhalten. Aus diesem Grund betont das Neue Testament persönliche Frömmigkeit und moralische Erneuerung, die im

Leben eines Menschen hervorgebracht werden, wenn dieser wirklich Jesus Christus im Glauben angenommen hat (2. Korinther 5,17). Diejenigen, die errettet sind, können Gott tatsächlich wohlgefallen (Römer 6,1-9) – im Gegensatz zu jenen, die nicht errettet sind (Römer 8,8; 1. Korinther 2,14). Und Christen haben die Verantwortung, die Glieder ihrer Leiber in den Dienst Gottes zu stellen (Römer 6,10-23). Gott will, dass Christen damit aufhören, Dinge in der Welt zu missbrauchen, und dass sie damit aufhören, die Elemente der Welt für sich selbst zu gebrauchen (2. Korinther 5,15). Diejenigen, die diese guten Werke nicht hervorbringen können, waren nie wirklich Gottes Kinder (Jakobus 2,14-26; 1. Johannes 2,19).

Aber auch wahre Christen können durch die Sünden der Menschen um sie herum negativ beeinflusst werden. Sie können (bewusst oder unbewusst) eine falsche Weltanschauung übernehmen, fleischlich und böse werden (1. Korinther 3,1-3) und deswegen ihren Lohn im Himmel verlieren (1. Korinther 3,12-15). Schlechter Umgang verdirbt gute Sitten (1. Korinther 15,33). Wenn diese Christen fortwährend sündigen, kann das für sie die schmerzhafte Züchtigung Gottes zur Folge haben (Hebräer 12,5-11), ganz zu schweigen von dem Leid und Schmerz, den sie anderen zufügen können. Treue Pastoren überall in der Welt haben oftmals gehört, dass ein gequälter Christ sagte: „Ich weiß, dass ich diese Strafe verdiene für das, was ich getan habe, aber ich weiß nicht, ob ich mit den Konsequenzen leben kann." Diese Christen besudeln das Zeugnis des Herrn, zerstören den Frieden in ihrem Herzen und leiden oft jahrelang unter einem zerrütteten und schuldbeladenen Leben.

Die Tests der Welt

Die Vorstellungen sündhafter Menschen können jene, die Christus bekennen, dazu verleiten, ein Leben zu führen, das Gott missfällt (Matthäus 18,6; 1. Korinther 5,6; 15,33). Das heißt, bekennende Christen können versucht werden, etwas anderes mehr als Jesus Christus zu lieben. Deswegen müssen jene, die Christus bekennen, ständig der starken Versuchung widerstehen, ein Leben zu führen, das Gott missfällt. Gott wohlzugefallen, indem man Seinen Willen tut, ist im Leben eines Menschen von ausschlaggebender Bedeutung, denn nur wer Gottes Willen tut, kann ewiges Leben haben (Matthäus 7,21; Lukas 8,21). Jene, die Christus bekennen, befinden sich ständig in Gefahr, die offen gezeigte Rebellion der Welt gegen Gott zu lieben, und demzufolge werden sie im Neuen Testament oft davor gewarnt (Jakobus 4,1-4; 1. Johannes 2,15-17). Diese Möglichkeiten veranlassten den Verfasser des Hebräerbriefes dazu, die folgenden ernüchternden Worte niederzuschreiben:

> *Habt Acht, ihr Brüder, dass nicht in einem von euch ein böses, ungläubiges Herz sei, das im Begriff ist, von dem lebendigen Gott abzufallen! Ermahnt einander vielmehr jeden Tag, solange es „Heute" heißt, damit nicht jemand unter euch verstockt wird*

durch den Betrug der Sünde! Denn wir haben Anteil an Christus bekommen, wenn wir die anfängliche Zuversicht bis ans Ende standhaft festhalten. (Hebräer 3,12-14)

Diese Verse lehren nicht, dass Menschen ihre Erlösung verlieren können. Wenn jemand an Jesus Christus zur Vergebung seiner Sünden glaubt, ist er für immer und ewig errettet (Johannes 3,16; Römer 5,9). Jesus macht dies ganz deutlich (Johannes 10,28). Was Hebräer 3 jedoch lehrt, ist, dass es jene gibt, die sich dem Volk Gottes (christlichen Gemeinden oder der christlichen Subkultur) anschließen; sie haben in ihrem persönlichen Leben Veränderungen vorgenommen; sie haben sich den Maßstäben ihres persönlichen christlichen Umfeldes angepasst; und doch haben sie nicht an Jesus Christus als ihren persönlichen Erretter von Sünde geglaubt. Sie sind nicht errettet, obwohl sie wie Christen aussehen und handeln. Diese ungläubigen Menschen sind der felsige Boden in dem Gleichnis Jesu: sie nehmen die Gute Nachricht mit Freuden auf, aber sie haben nicht an Christus geglaubt; deswegen kehren sie sich von ihrer oberflächlichen Bindung an Gott ab, wenn Bedrängnis oder Verfolgung entsteht (Matthäus 13,20-21).

Die Welt, in der wir leben, ist ein ernster Ort. In gewisser Weise stellt sie die Arena dar, in der die große Auseinandersetzung zwischen Gott und Satan stattfindet. Aber das eigentliche Schlachtfeld jener zwei Gegner befindet sich in den Gedanken und im Herzen des Menschen. Wie bekennende Christen auf die vielen Gefahren, Prüfungen und Fallstricke im Leben reagieren, ist der perfekte Test, anhand dessen offenbar wird, wer ein Gotteskind ist und wer nicht.

Das Internet: ein Mikrokosmos der Welt

Natürlich sagt die Schrift viel mehr über die Welt aus, aber wir haben einige ihrer wichtigsten Themen betrachtet. Und jetzt wollen wir das Internet in jene Welt hineinbringen. Das Internet ist ein Mikrokosmos der Welt – das heißt, es stellt ein kleines, repräsentatives System dar, das viele Möglichkeiten und Gefahren enthält, die es auch in der wirklichen Welt gibt. Es ist eine „Miniwelt" innerhalb der wirklichen Welt. Ein bedeutender Unterschied ist, dass im Internet nahezu alle Möglichkeiten der Welt in Reichweite liegen. Wenn wir vor unserem Bildschirm sitzen, dann sind buchstäblich fast alle Möglichkeiten der weiten Welt nur ein paar Mausklicks von uns entfernt. Wenn man das Internet aus der zuvor beschriebenen biblischen Perspektive der Welt betrachtet, dann ist es im geistlichen Sinne eine gefährliche Erfindung. Die Technologie ist wunderbar und die Möglichkeiten für Gutes sind endlos. Aber weil der Mensch ein unheilbarer Rebell gegen Gott ist, bietet das Internet Zugang zu einigen der schlimmsten Übel, die der Mensch kennt. Genau wie die Welt, in der wir leben, ist das Internet ein Schauplatz, auf dem die Gottesfürchtigen und die Gottlosen offenbar werden. Gott wird jedes Wort in unseren E-Mails, jede Website, die wir besuchen, jeden Einkauf, den wir tätigen, jede Entscheidung, die wir im Internet treffen, ins Gericht bringen. Jeder Moment unseres

Lebens ist in den allwissenden Gedanken Gottes aufgezeichnet und jede unserer Handlungen, einschließlich dessen, was wir im Internet machen, wird von Ihm gerichtet werden. Es gibt keine unbedeutenden Momente. Diejenigen, die Gottes Wege verwerfen und sich dafür entscheiden, das Internet für das zu verwenden, was Gott hasst, werden niemals dem Allmächtigen entkommen können. Gott bringt Seine Feinde immer ins Gericht und Er züchtigt immer Seine Kinder, wenn sie in die Irre gehen.

Was wir damit wirklich sagen wollen, ist, dass heute aufgrund des Internets so viele Versuchungen zugänglich sind wie nie zuvor. Die Bibelstellen, nach denen wir suchen müssen, sind diejenigen, die sich mit dem ernsten Thema der Versuchung befassen. Jene, die mit Pornografie im Internet, schändlichen Chatrooms, Online-Glücksspielen, unkontrollierten Schulden, plagiierenden Online-Quellen, gestohlenem Copyright-Material oder sonst einem Laster, das das Internet zugänglich macht, Probleme haben, werden Essay 2, „Versuchung", im Kampf gegen ihre Sünde hilfreich finden. Die ultimative Frage, die jedoch bei jedem Kampf gegen Sünde gestellt werden muss, ist, ob du wirklich frei sein willst oder nicht. Wenn du Macht über Sünde haben willst, steht diese denjenigen zur Verfügung, die durch die Macht von Gottes innewohnendem Geist und Gottes Wort errettet sind (Psalm 119,11; Galater 5,16).

VERSUCHUNG

von Thomas Parr

Wie wir aufgezeigt haben, ist jeder Abschnitt in der Bibel, der Versuchung und die richtige Beziehung eines Christen zur Welt behandelt, für diese Diskussion von Bedeutung. Aber das Internet verfügt über Eigenschaften, die nahelegen, dass wir noch spezifischer vorgehen sollten. Erstens vermittelt das Internet eine scheinbare *Privatsphäre*. Menschen, die im Internet sündigen, versuchen, dies heimlich zu tun – aufgrund der Privatsphäre ihres eigenen PCs. Zweitens vermittelt das Internet ein erstaunliches Maß an *Zugänglichkeit*. Jemand, der Zugang zum Web hat, könnte wahrscheinlich endlos neue Webseiten finden, um sein fleischliches Verlangen zu befriedigen. Welcher Abschnitt in der Bibel passt zu dieser Situation? Ein bestimmter Text kommt einem in den Sinn.

Die Versuchung Davids (2. Samuel 11)

Hintergrund

Bis jetzt haben wir uns darum bemüht, *die gegenwärtige Situation zu verstehen,* und wir haben aufgezeigt, dass Bibelstellen, die das Thema der Versuchung ansprechen, *rechtmäßig* auf diese gegenwärtige Situation *angewendet werden können.* Jetzt müssen wir uns *mit dem geschichtlichen Hintergrund und Zusammenhang des Abschnitts,* den wir wegen seiner Relevanz betrachten wollen, *näher befassen* und wir müssen *die Bibel ihre eigenen Anwendungen machen lassen,* wobei wir auch andere Bibelstellen verwenden, um das Argument zu untermauern.

David erfuhr Gottes Segen in einem ständig zunehmenden Maß. Er war ein einfacher Hirte, der bei den Schafen lebte (1. Samuel 16,11; 2. Samuel 7,8) und wurde zum König von Israel erhöht und gesalbt (1. Samuel 16,13). Nahezu sein ganzes Leben errang er einen militärischen Erfolg nach dem anderen (1. Samuel 17,48-50; 18,6-7; 2. Samuel 5,17-25). Obwohl er viele Jahre lang vor Saul auf der Flucht war, wurde er von Gott beschützt (1. Samuel 19,18-24; 23,14.26-28) und sah, dass seine Feinde allmählich erniedrigt wurden, bis er schließlich als König über Juda und Israel herrschte (2. Samuel 2,4; 5,3).

Die Jahre, die David auf der Flucht vor Saul in der Wüste verbrachte, waren beschwerlich und voller Mühsal. Er lebte in Höhlen (1. Samuel 22,1). Verfolgt von dem wahnsinnigen König Saul wurde er wankend in seinem Glauben und floh zu Heiden, um Schutz zu finden (1. Samuel 27,1). Eindringlinge stahlen sein gesamtes Hab und

Gut, führten seine Familie gefangen weg und er selbst wurde von denen, die ihm nachfolgten, fast umgebracht (1. Samuel 30,1-6). Er entkam seinen Feinden nur um Haaresbreite (1. Samuel 23,26-28). Er sah sich ständig Anschlägen auf sein Leben ausgesetzt (1. Samuel 23,14). Obwohl Gott ihn stets rettete, war sein Leben trotzdem sehr schwierig.

Nachdem David den Thron Judas eingenommen hatte, begann er, schier beispiellose Erfolge zu erleben. Er errang Siege über seine Gegner in Israel (2. Samuel 3,27; 4,8) und behielt dennoch seinen guten Ruf in den Augen Israels (2. Samuel 3,36). Er besiegte mehrere feindliche Stämme (2. Samuel 5,17-25; 8,1-14; 10,6-19) und stellte die schriftgemäße Anbetung Jehovas wieder her (2. Samuel 6,15-18; 1. Chronik 15,12-15, 25-29). Er erhielt von Gott die Verheißung, dass seine Nachkommenschaft nie verworfen werden würde wie die von Saul (2. Samuel 7,13-16). Gott verschaffte David Ruhe vor allen seinen Feinden und machte ihn zu einem mächtigen Helden auf Erden (2. Samuel 7,1.9). David genoss Erfolg wie fast kein anderer in der Antike.

Aber mit einem solchen Erfolg kommt die Versuchung, diesen zu missbrauchen. David hatte die Schmeicheleien seines Volkes, die Unterwerfung all seiner Feinde, die Stabilität seiner Nation sowie die Macht und Bevorrechtung, die damit einhergehen, wenn man einer der erfolgreichsten Monarchen der Geschichte ist. Er konnte über seine Zeit und Umgebung frei verfügen und er hatte Gelegenheiten, sich uneingeschränkt zurückzuziehen und zu vergnügen. Als gefallener Mensch und mit der Welt in Reichweite war David mit vielen Versuchungen konfrontiert, gegen Gott zu rebellieren.

Unglücklicherweise hatte David schon vor seinen Erfolgen Gott häufig nicht gehorcht; somit war Ungehorsam zu einem Verhaltensmuster geworden, in das er oft verfiel. Als deutlich wurde, dass der Hass, den Saul ihm gegenüber empfand, unabänderlich war, nahm David in seiner Verzweiflung Zuflucht zu Lügen und Täuschungen, um sich selbst zu schützen (1. Samuel 20,6; 21,3). Er floh zu heidnischen Völkern, um Hilfe zu erlangen (1. Samuel 21,11-16; 22,3-4), bis Gott ihm die Rückkehr nach Juda befahl (22,5); später aber war er aus Furcht ungehorsam und begab sich wieder in das Land der Philister (1. Samuel 25,1; 27,1). In Davids Sexualleben wurden Probleme erkennbar. Er begann, sich mehrere Frauen zu nehmen (1. Samuel 25,42-43; 2. Samuel 3,2-5), was das Gesetz ausdrücklich verbietet (5. Mose 17,17). Schon früh ist David gekennzeichnet durch sein abweichendes Sexualverhalten und betrügerisches Manipulieren. Wenn ein solcher Mensch unbegrenzt Macht und Zugang zu jedem beliebigen Vergnügen erhält, wird das Ergebnis so sein, wie es 2. Samuel 11 beschreibt. David beschloss, gegen Gott zu rebellieren anstatt Ihm zu dienen, und er bezahlte dafür den Rest seines Lebens.

Davids Sünde und ihre Folgen
Vers 1 von 2. Samuel 11 beginnt zu erzählen, dass David, anstatt in den Krieg zu ziehen, wie das für Könige zu dieser Zeit üblich war, den Komfort des königlichen Palastes vor-

zog und zu Hause blieb; er sandte seinen heimtückischen Handlanger Joab aus, damit dieser an seiner Stelle kämpfte. Was tat David in jenen ersten Frühlingstagen? Vers 2 deutet an, dass er sich seinem Verlangen nach Muße hingab. Am Abend erhob er sich von seinem Lager und ging auf das Dach seines königlichen Hauses. Von diesem Aussichtspunkt aus entdeckte er eine attraktive Frau. David wurde hier in einer Art und Weise versucht wie viele heutzutage. David war ein Mann, der es gewohnt war, seinen sinnlichen Begierden nachzugeben. Seine Stellung in der Welt ermöglichte es ihm, sich das erlauben zu können. Aber in 2. Samuel 11,3 sehen wir, dass David nun wie nie zuvor versucht wurde. Er wurde versucht, Ehebruch zu begehen – nicht nur mit einer anderen Frau zu sündigen, sondern sie dadurch zu veranlassen, dem Bund mit ihrem Ehemann untreu zu werden. David, der es nicht gewohnt war, sich zu verleugnen, gab der Versuchung nach und beging Ehebruch.

Aber die Sünde Davids hörte da nicht auf. Wie Sünde das oft tut, führte sie ihn weiter als er dachte. Bathseba trug Davids Kind. Die folgenden Verse geben in schrecklichen Details wieder, wie David verzweifelt log, wie er manipulierte und täuschte und schließlich Bathsebas Ehemann umbrachte – Urija, den Hetiter, der einer seiner treuen Helden war (2. Samuel 23,8.39). 2. Samuel 12,10-11 sagt, dass obwohl David seine Sünden von Herzen bereute und Buße tat, Gott das ernste Versprechen gab, ihn sein restliches Leben lang durch Unglück und Schwierigkeiten zu züchtigen. David konnte den Folgen seiner Sünde nicht entkommen. In seinem Leben ging es tragisch bergab, als Gott jene Folgen zur Auswirkung brachte. Der Sohn, den David mit Bathseba hatte, starb (2. Samuel 12,19). Sein Sohn Amnon vergewaltigte seine Tochter Tamar (2. Samuel 13,1-14). Tamars Bruder Absalom ermordete Amnon und versuchte, sich des Thrones Davids zu bemächtigen (2. Samuel 13,22-33; 15,1-12). Mit großem Kummer im Herzen musste David aus Jerusalem und seinem Palast fliehen (2. Samuel 15,13-30). Gott fügte es, dass die Machtergreifung scheiterte; Absalom wurde von Davids Handlanger Joab getötet (2. Samuel 18,1-17). Der Tod Absaloms, eines Sohnes, den er sehr liebte, brach David das Herz (2. Samuel 19,1).

Die Geschichte Davids ist eine Tragödie: Gott erhöht einen demütigen Diener und muss ihn dann wegen seines Stolzes und Rebellierens demütigen. Was Davids Leben rettet, ist Gottes Verheißung, dass Seine Gnade niemals von David weichen würde (2. Samuel 7,14-15); David bereute seine Sünde und tat Buße; er vertraute auf Gott, wurde gerettet und in seinem Leben war das Wirken des Heiligen Geistes erkennbar. Es gab nichts, wodurch David Gottes Segen mehr verdiente als Saul. Aber Gott hatte versprochen, David auf ewig zu segnen. David erkannte, dass er eine solche Gnade nicht verdiente (2. Samuel 7,18-21), und er hoffte auf sie bis ans Ende seines Lebens (2. Samuel 23,5).

Allgemein gültige Prinzipien

Wir wollen jetzt die Geschichte Davids auf unser Leben anwenden und dabei mindestens vier Aspekte in Betracht ziehen.

Erstens: Wenn wir Sünde in unserem Leben tolerieren, lassen wir es zu, dass wir für größere Sünden anfällig werden. Die entscheidenden Schlachten werden gekämpft, *bevor* die große Versuchung kommt. Wie wir uns in den kleineren Schlachten schlagen, bestimmt, wie wir die größeren bewältigen. Wir sollten in unserem Leben niemals auch nur das Geringste von dem tolerieren, was Gott hasst.

Zweitens: In Situationen der Muße und Verfügbarkeit gibt es mehr Versuchungen. Je mehr Macht und Gelegenheiten wir haben, umso mehr kann unsere sündhafte Natur zum Ausdruck kommen. In unserer Gesellschaft hat der Normalbürger fast genauso viel Macht über seine persönliche Zeit und Umgebung wie David als erfolgreicher König in der Antike. Deswegen haben wir als gefallene Menschen beispiellose Versuchungen vor uns. Wir haben unermessliche Gelegenheiten und großes Übel in Reichweite. Unser innerer Mensch wird in unseren Handlungen zum Vorschein kommen. Und unser innerer Mensch bestimmt unsere Zukunft in der Ewigkeit. Nur die Kraft des Heiligen Geistes, den wir durch den Glauben an das stellvertretende Opfer Jesu Christi empfangen, wird uns dazu befähigen, die zahlreichen Gefahren, Mühen und Fallen, die uns erwarten, zu überwinden.

Drittens: Gott bestraft Sünde, auch im Leben Seiner Kinder. Er wird es nie zulassen, dass Seine Kinder mit Rebellion davonkommen. Wenn diejenigen, die errettet sind und in denen der Heilige Geist wohnt, sich für die Welt entscheiden, setzen sie sich Gottes Züchtigung aus, die oft sehr schmerzhaft ist.

Viertens: Auch wenn Gottes Kinder für ihre Sünde bestraft werden, können sie doch immer in der Gewissheit ruhen, dass Gott sie nicht aufgeben und niemals verlassen wird (Hebräer 13,5-6). Die einzige Hoffnung für David war Gottes Verheißung eines ewigen Bundes. David besaß in sich keine Gerechtigkeit, die ihm die Gunst Gottes zugesichert hätte. Er hatte lediglich Gottes Verheißung: „.... meine Treue und meine Gnade sollen mit ihm sein ... Auf ewig bewahre ich ihm meine Gnade ..." (Psalm 89,25.29). Christen haben Verheißungen, die genauso sicher sind. „Denn so viele Verheißungen Gottes es gibt – in ihm ist das Ja, und in ihm auch das Amen ..."(2. Korinther 1,20). Wir können zuversichtlich sein, dass wenn Gott damit begonnen hat, in unserem Leben zu wirken, Er uns nicht in unvollendetem Zustand belassen wird (Philipper 1,6). Wir können zuversichtlich sein, dass Gott in uns die Bereitschaft und Fähigkeit, Seinen Willen zu tun, bewirken wird (Philipper 2,13). Wir können zuversichtlich sein, dass Gott uns jedes Mal, wenn wir Ihn darum bitten, Vergebung gewähren wird (1. Johannes 1,9). Wir können wissen: „... das Blut Jesu Christi, seines Sohnes, reinigt uns [im Griechischen heißt es: reinigt uns ständig, andauernd] von aller Sünde" (1. Johannes 1,7).

Eine der größten Verheißungen im Neuen Testament, derer sich Christen erfreuen dürfen, finden wir in Hebräer 4,14-16:

> **Da wir nun einen großen Hohenpriester haben** [hebräische Amtsperson, die damit betraut war, das Volk vor Gott zu vertreten; ohne Priester gab es keine Beziehung zwischen Gott und dem sündhaften Menschen], **der die Himmel durchschritten hat** [unser Hohepriester ist kein irdischer Priester; Er ist in den Himmel gegangen und vertritt uns dort auf ewig; somit haben wir ewigen Zugang zu Gott, der uns nie verwehrt oder versperrt werden kann], **Jesus, den Sohn Gottes** [dieser Hohepriester ist nicht nur ein Mensch; Er ist der Sohn Gottes; Gott ist es, Der uns vor Sich vertritt], **so lasst uns festhalten an dem Bekenntnis! Denn wir haben nicht einen Hohenpriester, der kein Mitleid haben könnte mit unseren Schwachheiten** [Jesus, der auch Mensch war, kann alle unsere Schwächen vollkommen verstehen und nachempfinden; wir nähern uns nicht einem gefühllosen Tyrannen, sondern einem mitfühlenden Bruder, der uns mehr liebt als wir wissen können], **sondern einen, der in allem versucht worden ist in ähnlicher Weise** [wie wir], **doch ohne Sünde** [Jesus war sündlos, aber Er erfuhr die volle Kraft der Versuchung – etwas, das keinem von uns je widerfahren wird; Jesus versteht mehr als jeder andere die Zugkraft und Täuschung der Sünde]. **So lasst uns nun mit Freimütigkeit hinzutreten zum Thron der Gnade, damit wir Barmherzigkeit** [Erbarmen] **erlangen und Gnade** [unverdiente Gunst] **finden zu rechtzeitiger Hilfe!**

Christen befinden sich vor Gott in einer Position mit unbeschreiblichen Vorrechten. „Er, der sogar seinen eigenen Sohn nicht verschont hat, sondern ihn für uns alle dahingegeben hat, wie sollte er uns mit ihm nicht auch alles schenken?" (Römer 8,32). Gewiss gehört Sieg über Sünde zu den Dingen, die Er uns schenken wird. „Und das ist die Freimütigkeit, die wir ihm gegenüber haben, dass er uns hört, wenn wir seinem Willen gemäß um etwas bitten" (1. Johannes 5,14). Lasst uns darum unsere Stellung vor Gott beweisen (2. Petrus 1,10) und über diese sündhafte Welt siegen. Wenn wir Sein sind, *werden* wir siegen. Wir müssen nur glauben (Lukas 8,50). Unser Glaube ist es, der die Welt überwindet (1. Johannes 5,4). Und wenn die Dämonen der Furcht und des Verlangens nicht weichen, dann bleibt uns nur eins: wir müssen zu Jesus Christus flüchten und mit Petrus und Jakob sagen: „Herr, zu wem sollen wir gehen? Du hast Worte ewigen Lebens" (Johannes 6,68) und „Ich lasse dich nicht, es sei denn, du segnest mich!" (1. Mose 32,27). Diejenigen, die so zu Christus kommen, werden nie ausgestoßen werden (Johannes 6,37).

Hüte dich davor, in die Falle zu gehen und zu denken, dass es Sieg und Wachstum ohne eine persönliche Beziehung zu Jesus Christus geben kann. Eine Beziehung mit Gott ist mehr, als allein in einem Zimmer zu sitzen und in der Bibel zu lesen. Viele Menschen haben die Bibel ihr ganzes Leben lang studiert, aber nie ihren Verfasser kennen gelernt. In deiner Beziehung mit Gott müssen die Gedanken und der Sinn von zweien eins werden: von dir und von Christus. Es müssen zwei sein, die miteinander in Beziehung stehen: der eine als der Herr, der andere als Diener. Diese Beziehung muss persönlich und erfüllend sein. Sie erfordert einen Glauben, der handelt durch Gebet – Rufe, Klagen, Jubel, Fürbitten und jede andere Form wechselseitiger Beziehung, die Gott so entspricht, wie es die Psalmen aufzeigen. Diese Wechselbeziehung mit Gott zu haben bedeutet, Gott durch Erfahrung zu kennen. Ohne sie wird es keinen Sieg geben. Sieg gibt es nur in einer vitalen, lebendigen Gemeinschaft mit Gott in Christus.

Wir scheitern, weil wir Gott nicht genügend lieben. Wenn wir den Herrn Jesus so lieben würden, wie Er es verdient, könnte uns keine Versuchung je verlockend erscheinen. Aber weil unsere Herzen Ihm gegenüber kalt sind, wandert unser Verlangen zu anderen Lieben (Götzen). Wir müssen lernen, die Privilegien des Neuen Testaments voll zu schätzen, zu genießen und sie uns zunutze zu machen. Vielen Christen ist überhaupt nicht bewusst, dass sie durch ihre Beziehung mit Christus klare Vorrechte besitzen. Sie sind wie Bettler, die eine Billion Euro geschenkt bekommen haben und dabei jedoch außerstande sind, die Größe eines solchen Geschenks zu begreifen. Also sitzen sie weiterhin im Schmutz und betteln. Die neue Geburt bringt große Ehren mit sich; wir gehören jetzt zu Gottes Familie und können rufen: „Abba, Vater!" (Römer 8,15). Erst dann, wenn wir ein Verständnis dieser Wahrheiten erlangen, wird der Geist der Dankbarkeit und Freude unsere Herzen erfüllen und in ein Leben des Sieges, das Gott wohlgefällig ist, überfließen.

CHRISTEN UND KULTUR

von Thomas Parr

Ich weiß nicht, an was du denkst, wenn du das Wort *Kultur* hörst. Vielleicht denkst du an Filme, Musik und Picasso. Vielleicht denkst du an Oper und die rundliche Dame, die singt. Egal welche besonderen Aspekte der Kultur dir in den Sinn kommen, wenn du jenes Wort hörst – Kultur umfasst in der Tat viel mehr. Sie bezeichnet die Gesamtheit menschlichen Strebens und Denkens in einer Gruppe von Menschen. Die meisten Menschen haben ihre Kultur weder rational noch biblisch bewertet. Kultur ist für sie, wie die Dinge beschaffen sind, und sie leben einfach darin. Aber Kultur ist viel zu wichtig, als dass man sie mit einer solchen Gleichgültigkeit behandelt – besonders in dieser Zeit, wo sie sich so dramatisch verschlechtert hat.

> *Zuerst scheint es vielleicht eine extreme Behauptung zu sein, aber ich glaube, dass die Herausforderung, in einer Populärkultur zu leben, für Christen der Gegenwart genauso ernst sein kann, wie es Verfolgung und Seuchen für die Christen in früheren Jahrhunderten waren. Den Löwen vorgeworfen zu werden oder im Schatten eines grauenvollen Todes zu leben sind relativ überschaubare, wenn auch nicht verlockende Bedrohungen. Es ist gewöhnlich viel einfacher, Feinde zu bekämpfen, die laut und deutlich erkennbar daherkommen, als jene, die unauffindbar sind. Körperliches Leiden (selbst wenn es zum Tod führt) um Christi willen ist ein schweres Kreuz, aber zumindest kann es zu der Zeit leicht als Glaubensprüfung erkannt werden. Aber wenn der Charakter ausgehöhlt, harmloses Vergnügen verdorben und das Leben selbst herabgewürdigt wird, was oft mit der modernen Populärkultur einhergeht, kann dies auf dermaßen subtile Art und Weise erfolgen, dass wir glauben, es sei nichts geschehen.*[18]

Da das Internet ein Mikrokosmos der Welt ist (siehe Essay 1), sollte uns ein Buch über das Internet helfen, menschliche Kultur im Allgemeinen und die Beziehung, die man als Christ dazu haben sollte, zu verstehen. Unter Christen gibt es heute viele Meinungen zu diesem Thema, die heiß debattiert werden. Einige christliche Leitfiguren sagen uns, dass Kultur, in welcher Form auch immer sie erscheint, gut sei und dass Christus in ihr

---

[18]   Kenneth A. Myers, *All God's Children and Blue Suede Shoes: Christians and Popular Culture* (Wheaton, IL: Crossway, 1989), xiii-xiv.

zum Ausdruck komme. Dann gibt es andere, die einen semimonastischen[19] Standpunkt vertreten: Versuche, dich so weit wie möglich von unserer Kultur fernzuhalten, da sie böse ist (siehe Essay 4, wo verschiedene Ansichten ausführlicher erörtert werden). Natürlich sollten wir ein Verlangen danach haben, zu verstehen, was die Bibel über Kultur und die richtige Beziehung zu ihren diversen Formen lehrt. Wie wir im vorliegenden Buch bereits gesehen haben (siehe Essay 1), ist es die Absicht Gottes, uns durch die Bibel in Bezug auf jede Frage, die sich uns im Leben stellen mag, die Richtung zu weisen. Die Bibel reicht als moralischer Kompass aus, um uns anzuleiten – wo auch immer wir uns befinden. Deswegen ist es nicht unnatürlich zu fragen: Was sagt uns die Bibel über Kultur? Obwohl das Wort *Kultur* in der Bibel nicht vorkommt, wissen wir von 2. Timotheus 3,16, dass uns die Bibel Prinzipien vorgibt, die uns darüber Auskunft erteilen.

Kultur und ihr Ursprung

Was ist das Wesen von Kultur? Welche Eigenschaften machen sie zu dem, was sie ist? *Erstens:* Kultur wird weltweit von allen Gruppen von Menschen erlebt. Ungeachtet ihres jeweiligen Entwicklungszustands schafft jede Gruppe von Menschen die eine oder andere Art von Kultur. Es ist also sehr wahrscheinlich, dass die Fähigkeit zur Kultur von Gott in den Menschen eingepflanzt worden ist – als Teil seiner Ähnlichkeit mit Gottes Bild. Der Mensch ist ein soziales Wesen, wie auch Gott ein soziales Wesen ist. Gott hat die Gemeinschaft zwischen den Personen der Dreieinigkeit von Ewigkeit her genossen. Die Beziehung des Menschen zu seiner Umgebung und zu anderen Menschen sowie die Form, die diese Beziehung annimmt, spiegeln die einzigartige Rolle des Menschen als Bild Gottes wider. Das Schaffen von Kultur ist ein Kennzeichen des Menschen – genauso wie seine Fähigkeit, komplexe Sprachen zu bilden und über sich selbst Betrachtungen anzustellen.

Zweitens: Menschen haben oft untersucht, was sie aufgrund ihres Wesens, das ihnen von Gott gegeben wurde, hervorbringen. Zahlreiche Quellen, die sich mit diesem Thema auseinandersetzen, weisen auf die folgenden Aspekte von Kultur hin, die in weiten Kreisen festgestellt werden:

1. Das Wort *Kultur* wird verwendet, um die Gesamtheit der Gedanken und Bestrebungen einer Gruppe von Menschen darzustellen.[20]
2. Das Wort *Kultur* wird verwendet, um die verschiedenen Gebräuche (z. B. die gemeinsame Sprache, typische Arten von Bekleidung und Moden, einschließlich der Materialien, die allgemein verwendet werden; häufige Ereignisse, wie beispielsweise

---

[19] halbmönchisch – von lat. semi- = halb- und monachus = Mönch (Anm. d. Übers.)

[20] *The American Heritage College Dictionary*, 4. Ausgabe, Stichwort "Kultur"; Myers, 27; H. Richard Niebuhr, *Christ und Kultur* (New York: Harper & Row, 1951. Erweiterte Ausgabe zum 50. Jubiläum, San Francisco: HarperSanFrancisco, 2001), 32.

religiöse Veranstaltungen, Sportereignisse oder andere Darstellungen in der Öffentlichkeit) von Gruppen von Menschen sowie deren mannigfache Ausübung zu bezeichnen.

3. Das Wort *Kultur* wird verwendet, um allgemeinere Bereiche der Kultur in ihrer Gesamtheit zu bezeichnen, wie zum Beispiel Musik, Kunst, Literatur, Drama, Industrie, Herstellung, Religion, Philosophie, Wirtschaft usw.[21]

4. Kultur ist mit Werten beladen. Das heißt, die einzelnen Aspekte der Kultur (Musik, Kunst etc.) werden gemäß den Ansichten des menschlichen Autors über Ethik, Moral, Wahrheit usw. zum Ausdruck gebracht.[22]

5. Kultur kann in mindestens drei Unterkategorien eingeteilt werden. Hochkultur geht von transzendenten moralischen Werten aus und konzentriert sich darauf, die bedeutenden Errungenschaften der Vergangenheit zu bewahren. Volkskultur geht von transzendenten moralischen Werten aus und konzentriert sich darauf, die Gedankenformen einer bestimmten Gruppe oder Subkultur zu bewahren. Populärkultur (eine relativ neue Erscheinung) befasst sich nicht mit transzendenten Werten, sondern macht die Masse, populäre Meinungen und wankelmütige Vorlieben zu ihren größten Werten; sie konzentriert sich auf das Profitmachen und auf ständig Neues.[23] In der heutigen westlichen Welt hat die Populärkultur die anderen zwei Unterkategorien der Kultur weitgehend verzehrt. Jetzt werden sogar Elemente der Hochkultur vom kulturellen Sprachrohr (den Medien) aufgrund ihrer Rentabilität oder Beliebtheit entweder gepriesen oder ignoriert.

Drittens: Die Bibel weist ebenfalls auf dieses Phänomen hin, das die Menschen als *Kultur* bezeichnen, und gibt uns in dem Bericht über die Erschaffung des Menschen sogar Aufschlüsse über ihren Ursprung. Unsere Diskussion hier wird bestätigen, was wir vorhin bereits festgestellt haben: Unsere Fähigkeit zur Kultur ist ein wesentlicher Teil dessen, Mensch zu sein. Überspringe nicht die folgende Diskussion, die die Grundlage der Schlüsse darstellt, zu denen wir kommen werden. Ohne sie können wir keine Beobachtungen über Kultur rechtfertigen.

Normalerweise wird 1. Mose 1 verwendet, um zu beweisen, dass das Universum in sechs buchstäblichen Tagen erschaffen wurde, und natürlich wird das in diesem Abschnitt gelehrt. Der Abschnitt lehrt jedoch auch eine Anzahl anderer grundlegender Wahrheiten, wie zum Beispiel die erste Anweisung Gottes an Seinen neu erschaffenen Vizeregenten – den Menschen. In 1. Mose 1,26-28 wird zum ersten Mal Gottes Plan

---

[21]   Punkte 2 und 3 können durch folgende Quelle belegt werden: Myers, 34; *Encyclopedia Britannica*, 15. Ausgabe, Stichwort „Kultur"; Niebuhr, 32.

[22]   T. S. Eliot, "Notes Towards the Definition of Culture", in *Christianity and Culture* (New York: Harcourt Brace & Company, 1976), 100; *Encyclopedia Britannica*, 15. Ausgabe, Stichwort "Kultur"; Henry R. Van Til, *The Calvinistic Concept of Culture* (Grand Rapids, MI: Baker, 1959, 1972), 157.

[23]   Die Anmerkungen zu den verschiedenen Kulturarten basieren auf Myers, 53-73.

für den Menschen erwähnt. Erstens wurde der Mensch im Bild Gottes erschaffen. Dies bedeutet, dass der Mensch gewisse Charaktereigenschaften besitzt, die einigen Wesensmerkmalen Gottes gleichen. Der Mensch kann logisch denken, Überlegungen anstellen, sprechen und moralisch bewerten – Tätigkeiten, zu denen die übrige physische Schöpfung nicht in der Lage ist. Zweitens sollte der Mensch über die Erde herrschen. Viele haben versucht, diesen Vers nur auf Tätigkeiten wie Fischen, Jagen und das Abrichten von Tieren anzuwenden. Aber die Verse gehen darüber hinaus. Sie besagen, dass der Mensch „über die ganze Erde" herrschen und „sie sich untertan machen" soll. Dadurch, dass das Thema der Herrschaft des Menschen im nachfolgenden Kontext immer wieder auftaucht, kann man genauer definieren, was das Untertanmachen der Erde umfasst.

1. Mose 2,5 erläutert, dass es zu diesem Zeitpunkt in Gottes Schöpfung Land und Samen (Ressourcen) gab, aber „es war kein Mensch da, um das Land zu bebauen" (die Ressourcen zu nutzen, d. h. sie sich „untertan" zu machen). Dies lässt darauf schließen, dass der Mensch unter anderem dazu bestimmt war, den Erdboden zu bestellen, eine Tätigkeit, die seit der Erschaffung des Menschen nicht aufgehört hat. 1. Mose 2,15 bestätigt diese Annahme und berichtet, dass Gott Adam in den Garten setzte, damit er das Land bebaue und bewahre. Adam durfte nach Belieben von allen Bäumen essen – mit einer Ausnahme. Gott erlegte Seinem Vizeregenten eine Beschränkung auf, um damit einen Maßstab vorzugeben, mit dem die Unterwerfung des Menschen unter die Herrschaft Gottes und seine Treue zu Ihm bewertet werden konnten. Der Mensch sollte herrschen, aber er sollte unter der Herrschaft Gottes herrschen. 1. Mose 2,19 berichtet, dass Gott Adam erlaubte, den Tieren, die Er erschaffen hatte, Namen zu geben. Hier sehen wir, wie der Mensch, ausgestattet mit dem Vermögen, logisch zu denken, seine angeborene Fähigkeit unter der Autorität Gottes einsetzt. Dadurch erhaschen wir einen Blick auf den Menschen, der als Bild Gottes unter der Herrschaft Seines Schöpfers arbeitet. Wir erkennen also, dass die Bestellung des Erdbodens durch den Menschen und die Benennung der Tiere durch ihn Teil seiner Herrschaft als Vizeregent unter seinem souveränen Schöpfer waren. Das Thema der Herrschaft des Menschen zieht sich wie ein roter Faden durch die folgenden Kapitel hindurch.

In Kapitel 3 sehen wir, wie der Mensch dabei scheitert, seine Unterwerfung unter Gottes Herrschaft aufrechtzuerhalten. Der Mensch rebelliert gegen seinen Herrscher, den Gott, dem die Sterne und Planeten unverzüglich und fortwährend Gehorsam leisten. Von da an zeichnet die Schrift die Folgen der Sünde des Menschen und Gottes Antwort darauf durch Gericht und Erlösung auf. Die Sünde des Menschen hatte eine direkte Auswirkung auf den Herrschaftsbefehl. Der Erdboden würde nun nicht länger mit dem Menschen kooperieren; er würde Dornen hervorbringen (1. Mose 3,18). Der Mensch würde die Herrschaft nicht länger als etwas empfinden, das nur Freude bereitet; sie würde nun eine anstrengende und oftmals sorgenreiche Erfahrung für ihn sein (1. Mose 3,17-19).

Obwohl der Mensch gesündigt hatte, fuhr er damit fort, Wege zu erkunden, wie er über die Erde herrschen konnte. Dadurch, dass der Mensch im Bild Gottes erschaffen worden war, boten sich ihm nahezu unbegrenzte Möglichkeiten, mit der Welt um ihn herum in einer Wechselbeziehung zu stehen und sie seinem Willen untertan zu machen. Da nun aber die Sünde in die Welt gekommen war, wurde die Herrschaft des Menschen pervertiert. Die folgenden Kapitel zeigen, wie der Mensch nicht nur neue Möglichkeiten, Herrschaft auszuüben, entdeckt, sondern es auch versäumt, sie zur Ehre Gottes zu gebrauchen. Kapitel 4 erzählt die Geschichte von Kain und Abel. Beide führten den Herrschaftsbefehl in ihrer jeweiligen Erwerbstätigkeit (Ackerbauer, Schafhirte) aus, aber Kain versuchte, sich Gott auf einem Weg zu nähern, den Gott nicht vorgeschrieben hatte. Als Kain zurechtgewiesen und gewarnt wurde, zeigte er die Tiefen der sündhaften Natur, indem seinen Bruder ermordete. Wir sehen also, wie die Herrschaft pervertiert war. 1. Mose 4,17-22 beschreibt ausführlich, wie die Menschen damit begannen, die Ressourcen, die Gott ihnen zur Verfügung gestellt hatte, auf mannigfaltige und schöpferische Weise nutzbar zu machen. Kains Sohn Henoch baute eine Stadt. Jabal, einer von Kains Nachkommen, war derjenige, der damit begann, in Zelten zu wohnen und Herden zu besitzen. Jubal entdeckte einen neuen Weg, wie er seine Umgebung bereichern konnte. Er verwendete pflanzliches Material (höchstwahrscheinlich Kürbisse oder möglicherweise Holz), um daraus Instrumente zu formen, mit denen angenehme Klänge erzeugt werden konnten. Er war der Vater derer, die Musikinstrumente spielen; somit gab es die Künste. Tubal-Kain war der erste Schmied und stellte verschiedene Waffen aus Bronze und Eisen her.

Kapitel 5, das aufgrund seiner Genealogie, in der es immer wieder heißt: „… und er starb", auch als „Sterbekapitel" bekannt ist, unterstreicht einen anderen Aspekt des Lebens nach dem Sündenfall – den Verlust ewigen Lebens (vgl. 1. Mose 3,22-24). Kapitel 6 hebt hervor, wie die Menschen ihre Fähigkeit zur Herrschaft auf eine weitere Art und Weise einsetzten: sie ermordeten sich gegenseitig. Der Hauptgrund Gottes dafür, dass Er die Sintflut über die Erde brachte, war, dass diese mit Gewalttat erfüllt war. Sündhafte Menschen hatten sich auf der Erde vermehrt und hatten neue Wege entdeckt, sie zu unterwerfen. Aber sie stellten nicht nur Essbestecke und Zeltpflöcke her. Sie machten sich Schwerter und Speere – Gerätschaften, um Menschen umzubringen. Die Menschen waren sich jetzt gegenseitig zum Hindernis geworden. Wie wir im Falle Kains gesehen haben, dauerte es nicht lange, bis sündhafte Menschen herausfanden, wie mit solchen Hindernissen zu verfahren war. Die Menschen warfen die Zügel des Gewissens ab und verwendeten die Macht der Herrschaft nicht länger zur Ehre Gottes, sondern zur Durchsetzung ihrer eigenen Ziele. Der Mensch platzierte sich selbst im Mittelpunkt seines Universums und im Großen und Ganzen war die Welt voller Menschen, die sich für Gott überhaupt nicht interessierten. Das war nicht nur zu Noahs Zeit der Fall. Eine der bedeutendsten Darstellungen der Selbstanbetung des Menschen nach der Sintflut ist die Begebenheit, von der in der Geschichte vom Turmbau von Babel in 1. Mose 11 erzählt wird. „Die Elemente der Geschichte [von Babel] sind zeitlos charakteristisch für den Geist der Welt."[24]

Die restliche Schöpfung Gottes folgte weiterhin jedem Seiner Befehle, genau wie zu der Zeit, als die Sterne durch den Hauch Seines Mundes gemacht wurden. Aber jetzt hatte die Menschheit ihre Wege auf der Erde verdorben, so dass die Menschen Gott vergaßen und „... die Herrlichkeit des unvergänglichen Gottes vertauscht [haben] mit einem Bild, das dem vergänglichen Menschen ... gleicht" und „... dem Geschöpf Ehre und Gottesdienst erwiesen anstatt dem Schöpfer" (Römer 1,23.25). Die Menschen vereinten sich in ihren Bemühungen, den Menschen zu verherrlichen und Gott auszuschließen, was ihre humanistischen Äußerungen in 1. Mose 11,4 zeigen: „Wohlan, lasst uns eine Stadt bauen und einen Turm, dessen Spitze bis an den Himmel reicht, dass wir uns einen Namen machen, damit wir ja nicht über die ganze Erde zerstreut werden!" Diese Aussage ist aus mehreren Gründen bedeutsam.

Erstens: Die Aussage „... dessen Spitze bis an den Himmel reicht" (wörtlich übersetzt „seine Spitze im Himmel") beweist eindeutig menschlichen Stolz auf Errungenschaft. Dies heißt im Wesentlichen, dass der Mensch jetzt mit einem egozentrischen Stolz auf seine Fähigkeiten erfüllt war. Somit wurde das Streben nach Vortrefflichkeit ein Ziel, das den Menschen im Mittelpunkt hatte. Gott als dem Geber aller Gaben wurde kein Dank entgegengebracht (1. Korinther 4,7; Jakobus 1,17). Der Mensch verherrlichte sich selbst als unabhängig und selbständig. Viele Bibelausleger glauben, dass dieser Versuch, den Turm zu bauen, die religiösen Bestrebungen des Menschen widerspiegelt, sich entweder seinem eigenen Konzept einer Gottheit eigenständig zu nähern oder sich selbst als Gott zu verehren.[25] Archäologische Zeugnisse aus jener Zeit scheinen dies zu bestätigen. Im antiken Babylon fand die Verehrung heidnischer Götter auf der obersten Plattform der typischen pyramidenartigen Stufentempel statt.

Zweitens: Die Aussage „... dass wir uns einen Namen machen" (besser übersetzt „dass wir uns einen Namen für uns selbst machen") nennt uns die Zielsetzung ihrer Bemühungen: die Verherrlichung des Menschen. Obwohl der Mensch Gott gehört (Psalm 24,1), will er nicht, dass Gott mit ihm etwas zu tun hat. Stattdessen will er Gott mit einem „Bild, das dem vergänglichen Menschen ... gleicht", ersetzen (Römer 1,23). Der Gedanke, Gott die Ehre zu geben, liegt ihm völlig fern. Dadurch wird der Mensch ganz und gar weltlich. Seiner Meinung nach haben seine Existenz und seine Wechselbeziehung zur Schöpfung mit Gott nichts zu tun. Der Mensch hat als Vizeregent die un-

---

[24]   Derek Kidner, *Genesis: An Introduction and Commentary* (Downer's Grove, IL: Inter-Varsity Press, 1968), 109.

[25]   Bruce Waltke, *Genesis: A Commentary* (Grand Rapids, MI: Zondervan, 2001), 179; Gordon Wenham, *Genesis 1-15* (Nashville: Thomas Nelson, 1987), 239; Matthew Henry, *Commentary on Genesis* (Peabody, MA: Hendrickson Publishers, Incorporated, 1991).

umschränkte Herrschaft Gottes abgeworfen. Dem Menschen bleibt jetzt nur noch sein Umfeld für die Suche nach Sinn und Erfüllung.

Drittens: Die Aussage „... damit wir ja nicht über die ganze Erde zerstreut werden" zeigt wieder den Stolz des Menschen, auch wenn dies bei oberflächlicher Betrachtung nur schwer zu erkennen sein mag. In einer sündhaften Welt ist der Mensch oft mit lebensbedrohlichen Gefahren konfrontiert. Allermindestens ist er mit der ständigen Bedrohung persönlichen Verlustes konfrontiert. Wenn man in der Antike, wo Zerstreuung damit einherging, dass sich Stämme bekriegten, möglichst viele Menschen in einer Stadt versammelte und die Masse zu einem nahezu nationalistischen Eifer für sich selbst verleitete, half dies, ein Gefühl der Sicherheit zu vermitteln. Wie zeigt sich dadurch Stolz? Babel setzte die gesamte Menschheit an die Stelle Gottes. Gott sagt: „Verflucht ist der Mann, der auf Menschen vertraut und Fleisch zu seinem Arm macht" (Jeremia 17,5). Aber gesegnet ist der Mann, der auf Gott vertraut (Jeremia 17,7). Gott ist der wahre Mächtige, auf den wir immer vertrauen müssen. Wenn man Gott nicht vertraut, ist das die schlimmste Beleidigung, die man Ihm zufügen kann. Es bedeutet im Grunde genommen, dass man Ihn zurückweist und sagt: „Nein danke, ich kann das selbst schaffen." Das, was jene in Babel taten, war eine andere Erscheinungsform ihrer weltlichen, humanistischen Denkweise.

An dieser Stelle sollten wir nun aus diesen biblischen Belegen einige Schlussfolgerungen ziehen. *Erstens* können wir sehen, dass das Schaffen von Kultur direkt darauf zurückzuführen ist, dass Gott dem Menschen befahl, über die Erde zu herrschen. Der Mensch sollte die verschiedenen Ressourcen, die ihm auf der Erde zur Verfügung standen, nutzbar machen. Und so sehen wir den Menschen, der Früchte für seine Nahrung verwendete, Felle für seine Bekleidung (1. Mose 3,21), den Erdboden für Ernten, Lehm für Ziegel, um Häuser zu bauen, Tierhäute für Zelte, Kürbisse für Musikinstrumente und Metalle für Werkzeuge und Waffen. Wenn wir uns in unserer Umgebung umsehen, finden wir Hinweise darauf, dass der Mensch diesen Befehl auch heute noch ausführt. Schreibtische und Bücherregale werden aus Holz oder Metall hergestellt, Schuhe aus Leder und Gummi, Computer aus Kunststoffen, Metallen und anderen Materialien. Dem Menschen wurde eine unglaubliche Fähigkeit verliehen, seine Umgebung zu beherrschen und sie für sich in Dienst zu stellen. Aber *zweitens,* da der Mensch ein gefallenes Wesen ist, strebt er danach, Erfüllung und Sicherheit in sich selbst oder in anderen Menschen anstatt in Gott zu finden. Der Mensch wird des Menschen Ein und Alles. Das Ergebnis ist zwangsläufig eine Kultur, die weltlich ist, in der der sich selbst regierende Mensch – seine Begierden, Vorlieben, Leidenschaften und Werte – bestimmt, was als gut und schön angesehen wird. Die Bemühungen des Menschen sind von jedem Sinninhalt, der über das hinausgeht, was für den Menschen Sicherheit, Vergnügen und Komfort bedeutet, total abgekoppelt. Alles, was die Freiheit des Menschen einschränkt, dem nachzugehen, was ihn glücklich macht, ist die größte Bedrohung. Psalm 2,1-3 bringt diesen Geist der Welt bildlich zum Ausdruck:

> *Warum toben die Heiden und ersinnen die Völker Nichtiges? Die Könige der Erde lehnen sich auf, und die Fürsten verabreden sich gegen den HERRN und gegen seinen Gesalbten: »Lasst uns ihre Bande zerreißen und ihre Fesseln von uns werfen!«*

Der Apostel Paulus erläuterte, was die einzige logische Folgerung ist, wenn man Gott verwirft und nur für dieses Leben lebt: „Was nützt es mir, wenn die Toten nicht auferweckt werden? — »Lasst uns essen und trinken, denn morgen sind wir tot!«" (1. Korinther 15,32). Mit anderen Worten: in einer materialistischen Weltanschauung (einer Weltanschauung, die beschließt, Gott auszulassen und zu behaupten, dass nur Materie existiert) stellen persönliches Wohlbefinden und Vergnügen die höchsten Werte dar und sie werden eine Kultur antreiben.

Was soll nun der Christ in der heutigen Gesellschaft tun? Bei der Beantwortung dieser Frage ist folgende Beobachtung sehr hilfreich: Kultur ist der Ausdruck der verschiedenen Weltanschauungen einer Gruppe. Die Aktivitäten einer Gruppe von Menschen und wie jene Menschen sie praktizieren (i. e. ihre Kultur) resultieren aus den verschiedenen Weltschauungen, die unter ihnen zum Ausdruck kommen. Die Weltanschauung, die am meisten Gehör findet, wird in jener Kultur vorherrschen und einen tief gehenden Einfluss darauf haben, wie die Kultur zum Ausdruck gebracht wird.

Die Beziehung zu menschlicher Kultur

Lerne zu unterscheiden

Da Menschen Kultur schaffen und Menschen von Natur aus mit Werten beladen sind, ist Kultur zwangsläufig Ausdruck einer Weltanschauung. Daher sollte man, wenn man bestimmen möchte, ob eine Kultur gut oder böse ist, sie mit dem Standard – dem Wort Gottes – vergleichen. Kulturelle Äußerungen (Worte, Klänge, Aktivitäten), die eine antagonistische Einstellung zu Gott zeigen, sollten dem zugeordnet werden, was die Bibel als „die Welt" bezeichnet. Aber wie erkennen wir eine solche antagonistische Einstellung?

Worte sind Gott gegenüber antagonistisch, wenn sie Seiner Wahrheit widersprechen. Die klassische Behauptung Friedrich Nietzsches, „Gott ist tot", bedeutete, dass der moderne Mensch das Konzept Gottes nicht länger nützlich fand. Dieser Gedanke widerspricht eindeutig Gottes Wort. Eine antagonistische Einstellung zu Gott ist jedoch nicht nur auf klare Aussagen wie die von Nietzsche beschränkt. Sehr häufig wird dieser Antagonismus auf eine indirekte und subtile Art und Weise zum Ausdruck gebracht. Diese indirekten Äußerungen sind oftmals überzeugender als klare Aussagen, da sie, anstatt den Verstand der Menschen zu beschäftigen, fast unmerklich darum werben, den zugrunde liegenden Wert ausschließlich auf der Basis der momentanen Emotion zu übernehmen. Wenn zum Beispiel jemand flucht, sagt er viel mehr als nur die Bedeutung des schlechten Wortes, das er aussprach. Er behauptet damit, dass es moralisch akzeptabel ist, das zu sagen, was er gerade sagte. Jedes Mal, wenn so etwas vorkommt (entweder als tatsächliches Erlebnis, gedruckt oder auf dem Bildschirm), werden die zugrunde liegenden, impliziten Werturteile gelehrt (und nachfolgend von denen akzeptiert, die nicht an einen absoluten Wert jenseits von ihnen gebunden sind). Ein anderes Beispiel könnte dieses Zitat sein: „Das Leben ist kurz; also lebe es flott und stirb hart." Viele können die impliziten theologischen Aussagen in dieser Feststellung nicht unterscheiden. Sie geht von einem materialistischen Universum aus (i. e. ein Universum, in dem nur Materie existiert) und verwirft leichthin die Vorstellung eines drohenden Gerichts durch eine Gottheit, gegen die gesündigt wurde. Mit anderen Worten: sie ist zur christlichen Weltanschauung total antagonistisch eingestellt. Wie steht es mit diesem wohlbekannten Spruch: „Wer mit den meisten Spielsachen stirbt, gewinnt"? Diese Behauptung geht davon aus, dass das Leben ein Spiel ist, in dem die Menschen gegeneinander antreten, und dass man das Spiel gewinnt, indem man so viel „Zeug" wie nur möglich ansammelt. Das erste Zitat geht davon aus, dass ein „flottes Leben" (d. h. ein Lebensstil, der außereheliche Sex, Drogen oder Alkohol beinhaltet) der Weg ist, wie man ein kurzes Dasein genießt. Das zweite Zitat geht davon aus, dass das Anhäufen vieler materieller Besitztümer der Weg ist, wie man das Leben genießt. Aber beide Zitate gehen von einem materialistischen Universum aus, in dem eine Person nur ein paar Jahrzehnte lebt. Somit sind beide zur christlichen Weltanschauung, die davon ausgeht, dass alle Menschen an einem von zwei Orten ewig existieren werden – einem Ort ewiger Glückseligkeit oder einem Ort ewiger Qual –, antagonistisch eingestellt. In der Weltanschauung der beiden Zitate zählt nur das Jetzt. Es gibt keinen transzendenten Sinngehalt. In der christlichen Weltanschauung hat jeder Moment eine Bedeutung für die Ewigkeit, weil jeder Mensch für jedes Detail seines Lebens gerichtet werden wird, sogar für jedes gelegentliche Wort (Matthäus 12,36).

Wir wollen jetzt jemanden betrachten, der versucht, sich zu unterhalten, indem er einen Großteil seiner Zeit vor dem Fernseher verbringt. Er mag sich dessen nicht bewusst sein, aber er sagt damit etwas über Dinge aus, die die Ewigkeit betreffen. Er sagt, dass es nichts Wichtigeres gibt als seine Unterhaltung. Dies ist eine ultimative Aussage – im Wesentlichen, dass es keine absolute Wahrheit gibt, die größer ist als er und die seine Zeit und Aufmerksamkeit verdient. Nichts ist wichtiger als sein persönliches Wohlbefinden und Vergnügen. Aber ist das wirklich wahr? Gibt es keinen wichtigeren Zweck unserer Existenz als nur unser eigenes Vergnügen? Wenn es keinen wichtigeren Zweck gibt, dann ist es in der Tat weise, „zu essen und zu trinken und fröhlich zu sein, denn morgen sind wir tot!" Allerdings wird jeder, der versucht, so zu leben, bald entdecken, dass er des Vergnügens, das ihm einst Freude bereitete, schnell überdrüssig wird (Prediger 1-2). Er wird ziellos von Vergnügen zu Vergnügen wandern, um seine Begierden zu befriedigen, und wird aber feststellen, dass er sich immer auf etwas Neues zubewegt und nie zufrieden ist. Er zieht immer planlos dahin – auf der Suche nach etwas Neuem, das er konsumieren kann –, wobei sein Weg mit den Überresten seiner ausrangierten Lieben übersät ist. Dies ist deswegen der Fall, da der Mensch nur dann vollkommen zufrieden sein kann, wenn er erkennt, dass der Zweck seiner Existenz in Gott liegt. Wie Augustinus es so wortgewandt ausdrückte: „Du hast uns für Dich Selbst erschaffen und unsere Herzen sind ruhelos, bis sie in Dir Ruhe finden."[26]

Es sind aber nicht nur Worte, die implizit eine Weltanschauung lehren. Alle Äußerungen einer menschlichen Seele tun dies. Kunstwerke, musikalische Arrangements, Handlungen ohne Worte – sie alle lehren eine bestimmte moralische Sichtweise. Wir können alle an ein Kunstwerk, eine Körpersprache oder ein musikalisches Arrangement denken, wodurch subtile (oder nicht so subtile) Werte vermittelt werden. Allein der Anblick oder Klang schafft eine bestimmte mentale Atmosphäre, von der Gott sagt, dass sie sich für Menschen nicht gebührt, und somit sind diese nonverbalen Äußerungen zu Gott antagonistisch eingestellt. Viele behaupten heute, dass musikalische Arrangements neutral seien und dass jeder einzelne Klang kulturell festgelegt sei – das heißt, ein bestimmter Klang könne in verschiedenen Kulturen ganz unterschiedliche Bedeutungen haben. Während dies zweifellos bis zu einem gewissen Grade zutrifft, gibt es bestimmte Klänge, die in jeder Kultur dieselbe Botschaft vermitteln, da sie grundlegende Eigenschaften der menschlichen Seele zum Ausdruck bringen. Zum Beispiel wird ein Kampflied gewöhnlich nicht wie Unterhaltungsmusik klingen und Menschen werden sich bei dem Getöse von einem Dutzend umfallender Mülltonnen wahrscheinlich nie beruhigen. Die Geschichte im Alten Testament, die erzählt, wie Mose vom Berg Sinai herabkam, unterstützt das Argument, dass es gewisse Klänge gibt, die in allen Kulturen dieselben Werte vermitteln. Wie klingen Hemmungslosigkeit und Unbeherrschtheit? Als Mose und Josua vom Berg hinabstiegen, hörte Josua Musik, die unten im Lager gespielt wurde, wo die Israeliten ausschweifenden Götzendienst betrieben. Aber als Josua die Musik hörte, hielt er sie fälschlicherweise für Kampflärm und Kriegsgeschrei. Mose berichtigte ihn und sagte: „... ich höre einen Wechselgesang!" (Exodus 32,18). Die Menschen im Lager hatten sich von Gott abgekehrt und jegliche Hemmungen abgelegt, und die Musik, die ihre Maßlosigkeit begleitete, entsprach dem. Ihre Musik ging mit dem Ablegen ihrer Selbstbeherrschung einher – etwas, das einem vom Geist erfüllten Leben entgegengesetzt ist (Galater 5,22). Jede kulturelle Äußerung, die die Grenzen dessen überschreitet, was Gott für menschliches Benehmen vorschreibt, ist zu Gott antagonistisch eingestellt. Gott befiehlt Christen: „... behüte [beschütze] dein Herz" (Sprüche 4,23) und „... habt keine Gemeinschaft mit [d. h. keinen Anteil an] den unfruchtbaren Werken der Finsternis, deckt sie vielmehr auf" (Epheser 5,11). Gott ist in Seinem Herzen betrübt,

---

[26] Augustinus, *Confessions*, übers. von J. G. Pilkington (Oxford: Oxford University Press, 1998), 1.1.

wenn so viele Seiner Kinder Ihm gegenüber eine antagonistische Stellung einnehmen, indem sie sich den Äußerungen sündhafter Menschen anschließen (Jakobus 4,4).

Das Ziel, das wir bei unseren Begegnungen mit Kultur verfolgen, ist, dass wir nach diesen Begegnungen Gott mehr lieben, als wir es zuvor taten. Dies verlangt, dass wir lernen, zu unterscheiden, was in der Kultur gut und böse ist. Aber wir müssen nicht nur einfach zwischen Gut und Böse unterscheiden; wir müssen das Böse hassen und am Guten festhalten (Römer 12,9). Wir haben Gott nur dann die Treue gehalten, wenn wir auf das Gute und das Böse in der Kultur emotional richtig reagieren.

Es kann oft sehr schwierig sein „die Welt" in der Kultur zu erkennen. Dies trifft besonders auf das Internet zu. Häufig haben die Annahmen des gefallenen Menschen die Struktur der Technologie durch und durch infiltriert. Essay 5 beschäftigt sich eingehend mit dem subtilen Problem des Internets.

Vermeide sowohl Isolation als auch Weltlichkeit

Sollten wir, da unsere Kultur dermaßen mit Weltlichkeit und Genusssucht überflutet ist, so wenig wie möglich mit ihr zu tun haben? Viele besorgte Christen sind sehr beunruhigt über die Entwicklungen in unserer Kultur und haben sich für einen weltabgewandten Lebensstil entschieden. Sie meiden sogar die Gepflogenheiten unserer eigenen Kultur; das heißt, sie lehnen Musik ab, die nicht von Christen gespielt wird; sie schalten keinen Radiosender ein, der nicht von Christen betrieben wird; sie ignorieren die meisten Filme; sie gehen in keine Einkaufszentren und sie tragen gewöhnlich ein Misstrauen gegen die eigene Kultur mit sich herum. Sie hätten es lieber, wenn Filme und Theaterstücke in Gottesdienste umgewandelt werden würden, und sie haben zu allem, was sich nicht wie Gemeinde anfühlt, eine zwiespältige Einstellung. Während wir zweifellos ein gesundes Misstrauen gegen eine Kultur, in der die „Welt" dominiert, bewahren sollten, kann sich diese extreme Absonderung dennoch sehr nachteilig auf die Sache Christi auswirken.

Christen, die ständig argwöhnisch sind und die vorherrschenden Gedankenformen in unserer Kultur nicht kennen, können anderen den Zugang in das Reich Gottes versperren – etwas, das Christus verurteilte (Matthäus 23,13). Zum Beispiel beschränken jene, die sich in dieser Weise zurückziehen, ihre Lektüre oftmals auf Bücher, die in früheren Zeiten geschrieben wurden, weil die modernen Werke ihrer Ansicht nach so voller Müll sind. (Es stimmt, dass es wichtig ist, klassische Literatur zu lesen und ungeeignete moderne Werke zu meiden.) Christen, die sich von unserer Kultur so extrem abschneiden, irren sich, weil sie mit den Gedankenformen eines anderen Zeitalters vertraut werden, aber denen der modernen Zeit fremd sind. Sie lernen viel Wertvolles und sind aber Fremdlinge in ihrer eigenen Zeit. Folglich sind sie nicht in der Lage, sich mit dem Normalbürger zu identifizieren. Der Normalbürger ist in unserer Kultur überflutet; er hat keine Reife und kann nicht unterscheiden. Für ihn ist ein solcher Christ ein Rätsel, mit dem er kulturell nichts gemein hat. Solche Christen schneiden den Normalbürger vom Segen ab, indem sie sich von unserer Kultur zurückziehen. Wir müssen die Weisheit besitzen, um erkennen zu können, was die Bibel anordnet und was einfach eine kulturelle Präferenz ist.

Kulturelle Präferenzen müssen verworfen werden, wann auch immer sie dem „wichtigeren Thema" der Liebe zu Menschen im Weg stehen. Unsere Einstellung zu kulturellen Dingen muss wie die von Paulus sein. Er legte bereitwillig seine kulturellen Präferenzen ab, um Menschen für Jesus Christus zu gewinnen (1. Korinther 9,22-23). Natürlich würde Paulus nicht ein *biblisches Gebot* abgelegt, um Menschen für Christus zu gewinnen. Nein, er hatte die Überzeugung: „Es ist niemals richtig, etwas Falsches zu tun, um dadurch die Möglichkeit zu erlangen, das Richtige zu tun."[27] Aber wann auch immer eine *kulturelle Präferenz* es erschwerte, dass ihn Menschen aufnahmen, legte Paulus diese ab. Wir müssen dasselbe tun. Die Sichtweise des Paulus erlaubte es ihm nicht, sich in jeder beliebigen kulturellen Äußerung zu versuchen, sodass sein Leben zu einer trägen Vergnügungsreise wurde. Nein, Paulus sprach davon, kulturelle Präferenzen für die Sache Christi zu opfern, nicht für das persönliche Vergnügen. Wir dürfen uns nicht zu sehr an unsere kulturellen Präferenzen klammern und wir müssen bereit sein, sie für Christus zu opfern. Und wenn unsere kulturelle Präferenz Distanziertheit ist, müssen wir jene beiseite legen, weil Distanziertheit von unserer Kultur Menschen dazu zwingt, ohne Licht und Salz zu leben.

Wenn Christen dabei versagen, mit Kultur in einer Wechselbeziehung zu stehen, schneidet es sie von Gelegenheiten ab, in unserer Kultur Gutes von Bösem zu unterscheiden. Häufig ist der Christ, der mit unserer Kultur am wenigsten vertraut ist, auch der Christ, der nicht unterscheiden kann. Er hat sich einen Kokon gebaut, eine christliche Subkultur, die in ihrer Funktion ganz dem Fernseher und der Couch des weltlichen Menschen gleicht. Er bleibt in seiner behaglichen Umgebung und erfährt nie den heftigen Zusammenprall von Weltanschauungen, der kritisches Denken fördert und biblische Überzeugungen zementiert. Oftmals ist damit eine Einstellung verbunden, die erwartet, gepäppelt zu werden, und die Lehren akzeptiert, ohne diese energisch mit der Bibel zu vergleichen. Das Ergebnis sind schlaffe Christen, die dem Wort Gottes zunehmend entfremdet sind. Natürlich kann jemand, der sich in Kultur vertieft, ins andere Extrem verfallen und das Schlechte in der Kultur stillschweigend dulden oder gar bereitwillig annehmen. Beide Extreme sind falsch. Wir müssen mit der Kultur Umgang haben und dabei zwischen dem Guten und dem Bösen unterscheiden und das hassen, was böse ist (Römer 12,9). Wenn wir unsere Fähigkeiten trainieren, das Gute vom Bösen zu unterscheiden (Hebräer 5,14), wird uns dies außerdem ermöglichen, dem Normal-

---

[27] *Chapel Sayings of Dr. Bob Jones Sr.* (Greenville, SC: Bob Jones University, n. d.), 10; basiert auf Römer 3,8.

bürger da zu begegnen, wo er ist, und ihm dabei zu helfen, es zu lernen, alle Dinge unter die Herrschaft Christi zu bringen (2. Korinther 10,5).

Wenn man nicht zu einem gewissen Grad Umgang mit Kultur hat, kann dies auch zu Selbsttäuschung führen. Viele von denen, die sich distanzieren, beginnen damit, bestimmte Tätigkeiten als Weltlichkeit zu betrachten – Dinge, die sie nicht tun würden. Aber Weltlichkeit tritt dann auf, wenn sich das Herz auf etwas Irdisches fixiert und bereit ist, dafür gegen Gott zu sündigen. Dies ist wahre Weltlichkeit. Und ein Mensch, der keine Filme ansieht oder nicht in Einkaufszentren geht, kann weltlicher sein als die, die das tun. Beispielsweise kann jemand, der theologische Klassiker liest, diese begehren, ihretwegen sogar Gott vergessen und sie anstelle seiner Bibel lesen. Weltlichkeit äußert sich in vielen Formen und oft machen sich diejenigen, die sie eng definieren, ihrer schuldig – in Bereichen, die sie nicht sehen können.

Der Umgang mit Kultur kann eine sehr bereichernde Erfahrung sein. Aber wir dürfen nie vergessen, dass unser Herz trügerisch ist und Gott gegenüber schnell erkalten kann. Wir müssen stets wachsam sein und unser Herz beschützen, um sicherzustellen, dass der Herr dort auf dem Thron ist (Sprüche 4,23). Wenn wir es versäumen, ständig auf der Hut zu sein, ist dies das erste Anzeichen geistlichen Niedergangs, weil es zeigt, dass wir Gott nicht ernst nehmen, wenn Er sagt, dass unser Herz trügerisch ist und wir es immer beschützen müssen. Wir müssen auch in der Schrift forschen, um definitiv zu beschließen, welche Erfahrungen für einen Christen unangebracht sind. Andernfalls wird sich die Beteiligung an Kultur in Weltlichkeit verwandeln. Zum Schluss müssen wir daran denken, dass der Hauptgrund dafür, dass wir zur Kultur eine Beziehung finden, folgender ist: wir tun es, um Gott und Seine Welt besser zu kennen und mehr zu lieben, um „die Welt" in der Kultur von Gottes Wahrheit in der Kultur zu unterscheiden, und um uns mit unseren Mitmenschen zu identifizieren, von denen die meisten Gott entfremdet sind – dem Gott, Der sie erschaffen hat, damit sie Ihm Ehre bringen.

UNSER STREBEN NACH FOLGERICHTIGKEIT

von Michael Osborne

Wenn man mit dem Auto durch die sanft hügelige Farmlandschaft des Lancaster Countys in Pennsylvania fährt, muss man auf die Einspänner der Amischen aufpassen, die auch auf der Straße sind. Man hört das Hufgeklapper der Pferde, die unbeirrt dahintrotten, als sei es ganz natürlich, dass sie sich die Straße mit Sattelschleppern teilen, die mit einer Geschwindigkeit von mehr als siebzig Stundenkilometern unterwegs sind. Ebenfalls im Lancaster County kann man zahlreiche christliche Einzelhändler finden, von denen viele christliche Heavymetal-CDs, T-Shirts mit populären Werbesprüchen, die den Namen Jesus beinhalten, und so genannte christliche Selbsthilfebücher, die der vom Humanismus getränkten Buchreihe *Chicken Soup for the Soul* gleichen, verkaufen. Was für ein Kontrast! In der Tat gehen religiöse Reaktionen auf Kultur weit auseinander.

Wenn du mit christlichen Jugendlichen Umgang hast, kennst du die vielen Fragen, die sich dir stellen. Was sollte bestimmen, welche Musik du generell hörst? Gibt es bestimmte Zeitschriften, die die „Grenzen des Anstands" überschreiten? Welche Bekleidung und welchen Schmuck sollten Männer und Frauen tragen und in welchen Situationen? Sollte man Restaurants besuchen, die Alkohol ausschenken? Gibt es überhaupt etwas, das man im Kino ansehen kann? Wenn ja, unter welcher Bedingung? Wenn man mehr ins Detail geht: Wie steht es mit dem Ausleihen von Videos? Welche Videos könntest du ausleihen? Bedeuten die jeweiligen FSK-Freigaben automatisch, dass Filme geeignet oder ungeeignet sind? Wie beantworten wir alle diese Fragen? Fragen, die sich mit Christen und Kultur beschäftigen, sind wahrlich Legion.

So viele Fragen, so viele Antworten. Schon in meiner kleinen christlichen Highschool gab es vor Jahren einen total verrückten Mix brisanter Meinungen, der durch die richtige Frage jederzeit zur Explosion gebracht werden konnte. Und so fingen wir zu debattieren an. Wenn ich an jene kleine Theologen – mich eingeschlossen – zurückdenke, bin ich versucht, wie Hiob sarkastisch zu sagen: „Wahrlich, ihr seid die [rechten] Leute, und mit euch wird die Weisheit aussterben!" (Hiob 12,2). Aber wenn die Geister der Vergangenheit jetzt von mir Antworten verlangen würden, müsste ich betreten zugeben, dass ich keine definitiven Antworten geben kann. Aber die Erfahrung, die ich in den Jahren nach meiner Highschool sammeln konnte, ist nicht vergebens gewesen. Abgesehen davon, dass College und Seminar sowie meine Arbeit für BJU Press meiner Rhetorik den Wind aus den Segeln genommen haben (zumindest größtenteils – das Gerücht geht um, dass ich immer noch sündhaft bin), haben sie mir keine Antworten eingegeben, sondern vielmehr eine Prägung verliehen, *wie* ich denke. Vielleicht die beste Hilfe, die ich jenen Geistern aus meiner Highschool-Vergangenheit – und dir als dem Leser – anbieten könnte, wären einige Ratschläge, wie man systematisch über Fragen nachdenken kann. Wir wollen alle folgerichtig sein, nicht wahr? Ich will, dass meine Standards bezüglich Filme und Kleidung, die Auswahl meiner Hobbys, mein politisches Engagement und meine Beschäftigung mit Kunst und Wissenschaft in einer globaleren Weltanschauung miteinander in Beziehung stehen, wobei diese Weltanschauung ein umfassenderes Verständnis dessen ist, wie Christen mit der Kultur, in der sie sich befinden, umgehen sollten. Was ich hier also anbiete, ist ein Blick aus der Vogelperspektive auf die weitergehenden, allumfassenden Fragen, der uns dabei helfen wird, folgerichtig zu denken. Diese allumfassenden Fragen bilden das, was wir als ein *Paradigma* bezeichnen.

Paradigma? Was ist ein Paradigma?

Ein Paradigma ist „ein Set von Annahmen, Konzepten, Werten und Verfahren, das bestimmt, wie die Gemeinschaft, die sie vertritt, die Realität sieht, besonders in einer intellektuellen Disziplin".[28] Kurz gesagt: ein *Paradigma* ist eine strukturierte Verfahrensweise, mithilfe derer Fragen betrachtet werden. Es beantwortet die großen Fragen, dann einige spezifische Fragen. Wenn du ein Paradigma in Skelettform sehen möchtest, blättere weiter zu den Seiten 118-119. Das Schaubild, das fünf Sichtweisen der Kultur beschreibt, die bezeichnet und zugeordnet sind und mehrere grundlegende Fragen beantworten, ist ein Paradigma. Ich hoffe, dass es anwenderfreundlich ist. Dieser Essay wird jenem Skelett Muskeln verleihen. Das Schaubild wird hilfreich sein, *nachdem* du den Essay gelesen hast.

Hat er sich das alles selbst ausgedacht? fragst du dich jetzt vielleicht. Oder vielleicht denkst du – was der Wahrheit näher kommt – *Er ist nicht clever genug, um sich das alles selbst auszudenken.* Das ist nur zu wahr. Um zu vermeiden, dass ich ein intellektuelles Plagiat begehe, gebe ich offen zu, dass ich im Grunde das Paradigma, das H. Richard Niebuhr in seinem Buch *Christus und Kultur* beschreibt, überarbeitet habe. Obwohl es mit Niebuhr einige ernstzunehmende theologische Probleme gibt, ist die paradigmatische Arbeit, die er in *Christus und Kultur* vorlegt, so hilfreich, dass man sie nicht übergehen sollte. Auch wenn wir mit jemandem *überhaupt nicht* übereinstimmen, können wir dennoch seine Gedanken übernehmen. Woher bekamen die Israeliten Materialien für die Stiftshütte? Auf ihrem Weg aus Ägypten – von den Ägyptern! Es war in Ordnung, dass Israel die Sachen der Ägypter verwendete, aber Gott erlaubte es nicht, dass Israel mit Ägypten militärische Bündnisse schloss. Hier verwende ich die „Sachen" von Niebuhr, aber ich bin *nicht* mit Niebuhr verbündet.

---

[28] *The American Heritage College Dictionary,* 4. Ausgabe, Stichwort "Paradigma".

Da diese Sichtweisen lediglich Denkmodelle darstellen, sollten sie nicht zu starr gesehen werden. Es gibt keinen Christen, der sich mit absoluter Folgerichtigkeit immer zu einer Kategorie hält. Folgewidrigkeit innerhalb Niebuhrs Paradigma ist keine Sünde; wenn es allerdings scheint, dass Einstellungen zu Kultur folgewidrig und unvereinbar sind, sollte dies Alarm auslösen und uns an die Bibel verweisen, denn Unvereinbarkeit mit der Bibel *ist* Sünde. Wie auch immer, wenn du das Folgende liest, muss dir klar sein, dass ich nur einen Überblick gebe. Du wirst diese Denkmodelle bald überall sehen – in den Philosophien der Menschen, in Äußerungen, generellen Einstellungen, Handlungen usw. Wenn du mit jemandem über etwas diskutierst, wirst du eher erkennen, wo du sondieren musst, um seine zugrunde liegenden Annahmen herauszufinden. Wir wollen nun fünf Sichtweisen bezüglich Christus und Kultur betrachten. (Dieser Essay verwendet dieselbe Definition von *Kultur* wie Essay 3.)

Fünf Sichtweisen, wie Christen auf Kultur reagieren

Radikale Absonderung

Keiner kann sich von Kultur gänzlich abschneiden, aber einige Menschen haben es versucht. Zum Beispiel die frühen Mönche, die in zurückgezogenen Gemeinschaften unter dem Gesetz Christi (wie sie glaubten) lebten, waren mit ihrer Lebensweise so nahe an vollkommener Absonderung, wie sie nur konnten. Vollkommene Absonderung mag praktisch gesehen unmöglich sein, aber es ist ziemlich einfach, eine Einstellung vollkommener Absonderung zu haben. Eine solche Einstellung ist gekennzeichnet durch ein allgemeines Misstrauen gegenüber allem Kulturellen und sie sträubt sich gegen jeglichen Einfluss von außen. Diese Sichtweise vertritt den Standpunkt, dass Christus, als Er kam, um Menschen zu erretten, kam, um sie *aus* der Welt zu erretten, und dass Er dadurch so etwas wie eine total neue Kultur begründete. Gewiss gibt es diese neue Kultur auf dem Globus, aber um der persönlichen Reinheit willen halten ihre Vertreter Abstand von den Angelegenheiten der Welt. In ihrer Anschauung gibt es nur eine Welt (eine geistliche Kultur); sie ignorieren diese irdische Welt und streben danach, gänzlich innerhalb der Bedingungen, Werte, Empfindungen und Traditionen dieser einen geistlichen Kultur zu leben.

Menschen, die sich radikal absondern, haben eine vollkommen negative Betrachtungsweise der äußeren Kultur; ihrer Meinung nach steht sie gänzlich unter dem Gericht und wird vom Bösen beherrscht. Die Zeugen Jehovas sehen die äußere Kultur in dieser Weise; für sie ist ein Gelöbnis auf die Fahne gleichbedeutend damit, sich gegen Christus zu stellen. Auch die Amischen sträuben sich gegen die Trends kultureller Veränderung und leben gemäß einem anderen Set von Werten.

Wie sollten wir radikale Absonderung sehen? Sicher ist mit dem christlichen Glauben die Einstellung verbunden, alles zu verlassen, um Christus zu folgen! Kein Christ sollte dies anfechten. Wenn man jedoch, um die Welt vollkommen hinter sich zu lassen, so lebt, als wäre man außerhalb der Welt, geht das zu weit (Johannes 17,15; 1. Korinther 5,9-10). Zu viele potenzielle falsche Annahmen und Folgen sind damit verbunden. Eine falsche Annahme kann sein, dass die Quelle und der Hauptsitz von Sünde irgendwie in der Kultur zu finden sind. Aber Sünde wirkt nicht von außen nach innen; sie wirkt von innen nach außen. Die Mönche konnten rennen und rennen, aber sie konnten sich nicht vor ihren eigenen Begierden verstecken. In gleicher Weise müssen Christen heute daran denken, dass, wie sehr sie sich auch von der Welt abschirmen, es keinen garantierten Schutz vor dem Verfall gibt.

Wenn die äußere Kultur total abgeschrieben wird, ist eine weitere Folge, dass diejenigen, die sich radikal absondern, dazu neigen, zu vergessen, dass Christus wirklich die Macht über *alles* hat. Er schuf diese Welt, was auch immer die Menschen mit ihr gemacht haben. „Auch wenn das Unrecht oft so gewaltig erscheint, ist Gott dennoch der Herrscher."[29] Außerdem tun sich diejenigen, die sich radikal absondern, schwer, *bestimmte Themen* in der Kultur zu behandeln, wenn sie die Schrift anwenden oder einen Irrtum widerlegen, weil sie *alles* in der Kultur verwerfen. Warum haben sie Schwierigkeiten, die Schrift anzuwenden? Die Antwortet lautet. Die „gesamte neue" Kultur ist zu klein, um Kontext für eine Anwendung zu sein. Nun, Christus brachte in der Tat absolute Wahrheit (Wahrheit, die in jeder Situation immer wahr ist), aber absolute Wahrheit ist zu nebulös und unwirksam, wenn es keinen in sich abgeschlossenen Kontext gibt, in dem sie anzuwenden ist. Die Welt in ihrer Gesamtheit außerhalb der christlichen Gemeinschaft *ist* ein ausgedehnter Kontext für Anwendung. Es ist eine Ironie: Dadurch, dass Befürworter der radikalen Absonderung versuchen, nur Christus zu folgen, wobei jedes irdische Werk ausgeschlossen wird, „stutzen" sie Christus als glorreichen Schöpfer und Herrscher über alles „zurück" und machen Ihn zum Führer einer Kampagne, die versucht, Seelen zu gewinnen. Wenn das Evangelium nur Menschen in eine neue Kultur bringen soll, welche Anwendungen gibt es dann für diese neue (aber kleine) Kultur? Gebete, Bibellesen und das Geben des Zehnten? Was ist der Inhalt ihrer Gebete und worauf bezieht sich das, was ihnen die Bibel sagt? Die Bibel sagt uns, dass Gott liebt, aber was bedeutet Gottes Liebe *dort draußen*?

Diejenigen, die sich radikal absondern, haben nicht nur Probleme mit den Einzelheiten, wenn es um *Anwendung* geht (wie soeben beschrieben), sondern auch bei der *Anfechtung*. Wenn sie automatisch alles verurteilen, warum sollten sie sich dann überhaupt die Mühe machen, die Nuancen dessen, was sie verurteilen, zu untersuchen? Ihrer Meinung nach geht es zu weit in den Bereich der Kultur, wenn man sich mit solchen

---

[29] Maltbie D. Babcock, "This Is My Father's World."

Fragen befasst. Jemand, der sich radikal absondert, hat das Problem, dass er immer wieder die irdische Kultur als falsch bezeichnen kann; aber wenn er wirklich Sünde oder Irrtum im Leben von Hans Schmidt begegnet, hat er Schwierigkeiten, diese zu erkennen oder jenem Hans Schmidt zu erklären, warum *jene* Sünde oder *jener* Irrtum falsch ist.

Totale Anpassung

Wenn bei der radikalen Absonderung eine geistliche Kultur geschaffen wird, dann machen sich diejenigen, die sich total anpassen, niemals die Mühe, diese irdische Kultur zu verlassen! Wir wollen nun betrachten, was jene glauben. Gott setzte den Menschen auf die Erde. Der Mensch ist begrenzt und deswegen hat der Mensch Schwierigkeiten, eine gute Kultur in seiner Umgebung zu schaffen. Die Anstrengungen des Menschen, sich über natürliche Kräfte zu erheben, führen auch in der Gesellschaft zu Konflikten und Problemen. Also ist das größte Problem des Menschen, dass er klein ist, während er versucht, Großes zu tun. Aber: keine Angst! Gott ist auf der Seite des Menschen. Gott sandte Christus in die Welt, um dem Menschen zu helfen, seine Kleinheit zu überwinden; Christus ist gekommen, um jeder Kultur dabei zu helfen, ihre Ideale zu erfüllen, was auch immer die Ideale sein mögen.

Schrillen bei dir die Alarmglocken? Ich hoffe das natürlich. Was fehlt in diesem Bild? *Sünde*! Die Kleinheit Adams war im Garten Eden kein Problem; Eden und Adam waren „sehr gut" (1. Mose 1,31). Als Adam sündigte, beging er ein moralisches Vergehen gegen einen heiligen Gott – einen heiligen Gott, der den endgültigen Maßstab dessen darstellt, was richtig und falsch ist. Gott verfluchte die Erde und fügte zu den Aufgaben des Menschen *natürliche* Hindernisse hinzu. (Dem Menschen war befohlen worden, Kinder zu haben und sich die Erde untertan zu machen; jetzt bereitet es Schmerzen, Kinder zu gebären und sich die Erde untertan zu machen.) Das erste Problem des Menschen ist moralische *Sünde*, nicht natürliche *Kleinheit*. Erstens als Folge von Sünde und dann wegen des Fluchs, der auf Sünde liegt, kommt es zu allen möglichen anderen Problemen. Diejenigen, die sich total anpassen, kehren jene Reihenfolge um.

Vielleicht denkst du jetzt: *Denken Christen wirklich wie jene, die sich total anpassen?* Das ist eine gute Frage, besonders weil „In Adams Fall sündigten wir all'" ziemlich am Anfang im *The New England Primer*[30] steht und eine grundlegende Tatsache des christlichen Glaubens darstellt. Ich möchte behaupten, dass der Standpunkt des totalen Anpassens, weil er das Konzept der *Sünde* nicht versteht, die wahre Bedeutung von *Gnade* und *Errettung* ebenfalls nicht verstehen kann. Während Vertreter des *Christentums* (als allgemeiner Begriff für die christianisierte Welt) diesen Standpunkt eingenommen haben, würde sich ein wahrer *Christ* damit schwer tun. Vielleicht hast du von dem Sozi-

---

[30] *The New England Primer* war das erste Lese- und Schulbuch in den amerikanischen Kolonien (erste Ausgabe erschien ca. 1688-1690). Es wurden u. a. Bilder und Reime verwendet, um das ABC und andere Lerninhalte zu vermitteln (Anm. d. Übers.).

alen Evangelium gehört – das ist die Anschauung, die sagt: In der Gesellschaft muss es ein Reinemachen geben; man muss Kneipen schließen, Armut bekämpfen und sieh da – man bewirkt es, dass Menschen gut sind, weil man ihre Situation verbessert hat. Das Soziale Evangelium geht davon aus, dass Christus kam, um uns bei dem Reinemachen der Gesellschaft zu helfen (ein sehr kulturelles Ziel), aber es überspringt die Tatsache, dass es zuerst in den Herzen der Menschen ein Reinemachen geben muss.

Diese Anschauung ist dadurch gekennzeichnet, dass alles Kulturelle generell akzeptiert wird; Gott ist nicht der absolute Bezugspunkt, um zu bestimmen, was falsch ist, und Er hat Christus zur Verfügung gestellt, um jeder Kultur dabei zu helfen, das zu tun, was ihrer Meinung nach am besten ist. Letztlich wird bei dieser Anschauung Jesus Christus umgeformt, damit Er ganz dem entspricht, was Er in der jeweiligen Kultur sein soll. Man kann dies heute in der Befreiungstheologie und der feministischen Theologie erkennen: Christus ist der große Befreier politisch unterdrückter Menschengruppen, der große Reformer, der große Was-auch-immer-Er-sein-soll. Man hat Christus zu Flaum gemacht und jetzt ist jede Zielsetzung, der es um die Verbesserung des Menschen geht, legitim. Da Gott und Sein Wort nicht die absoluten Bezugspunkte für Ethik sind, muss Ethik auf den natürlichen Gesetzen basieren (Gesetze, die von Beobachtungen der Natur und natürlichen menschlichen Neigungen abgeleitet werden) und nicht auf Gottes Gesetz.

Man muss Befürwortern dieser Anschauung die Frage stellen: „Warum musste Christus *sterben*?" Die einzige Antwort, die sie geben können, lautet, dass Er ein gutes Vorbild war (da sie es ablehnen, dass Christus dem Zorn Gottes gegen den Menschen Genüge leistete – immerhin ist Gott ja auf der Seite des Menschen). Aber dann müssen wir fragen: „Ist ‚ein gutes Vorbild' alles, was wir brauchen, um Moslems davon abzuhalten, das World Trade Center zu zerstören?" Hilft Christus den Terroristen mit *ihren* kulturellen Idealen? Oder wird Er ihr Richter sein? Außerdem: Können Liberale angesichts des Bösen in der Welt, das so radikal und vorsätzlich ist, dies alles natürlicher *Kleinheit* zuschreiben? Wohl kaum.

Kombination

Im Gegensatz zur Anpassung räumt diese Sichtweise ein, dass es in der Welt echte moralische Sünde gibt, aber diese Sichtweise kritisiert jene Sünde nicht außerordentlich. Ihrer Meinung nach ist diese irdische Kultur vorwiegend gut; aber es gibt so viel jenseits irdischer Kultur: und zwar Interaktion in der geistlichen Kultur. Irdische Kultur wird im natürlichen Bereich gelebt und somit ist es in Ordnung, wenn Menschen in der irdischen Kultur gemäß dem Naturgesetz leben. Sogar Nichtchristen können mit dem Naturgesetz relativ erfolgreich leben; allerdings (und hier begeben wir uns in die geistliche Kultur jenseits dieser irdischen) kann sich niemand ohne Gnade auf *über*natürliche Ziele zubewegen. Christus ist gekommen, um uns Gnade zu geben, damit wir in der Lage sind, uns über die Kultur zu erheben und in die christliche Ethik zu gelangen, die übernatürlich ist. Christus fügt mehr hinzu. Das Naturgesetz beinhaltet, dass Stehlen und Mord verboten sind, aber die übernatürliche christliche Ethik, die Christus einführte, umfasst Prinzipien, die nicht von der Natur abgeleitet werden können, wie beispielsweise das Darbieten der anderen Wange.

Da kulturelle Arbeit als Arbeit des Menschen gesehen wird, die hauptsächlich gut, aber nicht gut genug ist, kann Christus hauptsächlich gute kulturelle Arbeit nehmen und sie sogar dazu verwenden, Menschen zu jenem Guten zu führen, das jenseits der Fähigkeiten des natürlichen Menschen liegt. Vertreter der Sichtweise der Kombination neigen dazu, die Gnade Christi als etwas Hinzugefügtes zu betrachten, was eine sehr römisch-katholische Auffassung von Gnade ist: Gott gleicht die Differenz von dem Bisschen, das wir Ihm bieten können, aus. Menschen können unabhängig von vorausgehender Gnade irgendwie „gut" sein. Da kulturelle Arbeit zumeist gut ist, kann der Christ mit seinen Mitmenschen an kulturellen Unternehmungen teilnehmen und dann über jene kulturellen Unternehmungen hinausgehen, wodurch er mit der notwendigen übernatürlichen Komponente Gottes Zielsetzung für die Menschen verwirklicht. Die natürlichen und übernatürlichen Komponenten bilden eine Lebensanschauung, die zwei Welten enthält; der Christ lebt in beiden Welten und verwendet die Bestrebungen der unteren Etage als Sprungbrett für die höhere.

Das größte Problem dieser Sichtweise, die zu der Sünde in den kulturellen Äußerungen der Menschheit nur ein Lippenbekenntnis ablegt, ist, dass ihre Vertreter blindlings einer falschen kulturellen Beschäftigung nachgehen können und sie mit dem Namen Christi als der Erfüllung jener Beschäftigung versehen. Einige Betrachtungsweisen der CCM-Philosophie[31] gehören zu dieser Anschauung, da sie von der Annahme ausgehen, dass alle Gattungen der Musik grundsätzlich gut sind; sie beurteilen sie nicht kritisch als möglicherweise sündhaft. Da jede Musik grundsätzlich gut ist, muss nur noch Christus hinzugefügt werden, um sie zu vollenden. Hier stellt sich das Problem, dass auch Gattungen der Musik (nicht nur einzelne Lieder) das Werk sündhafter Menschen sind, und ganze Gattungen sind möglicherweise verdorben. Verchristlichte Pop-Psychologie und die Gemeindephilosophie, die sich von dem abhängig macht, was gewünscht wird (hier werden Entscheidungen, die den Dienst betreffen, auf Marketingmodellen und dem, was der Gottesdienstbesucher gerne hätte, basiert), folgen auch der Methodik, die dem Verlangen ihrer Zuhörerschaft zur Seite tritt. Sie präsentieren Christus als die Erfüllung jenes Verlangens (z. B. Frieden, persönliches Erfülltsein), aber sie prüfen nicht kritisch und sorgfältig das Verlangen der Menschen. Was ist das größte Bedürfnis eines Menschen, der verloren ist? Persönliches Erfülltsein oder Versöhnung mit dem Gott, gegen den er gesündigt hat?

---

[31] CCM (Contemporary Christian Music): zeitgenössische christliche Musik (Anm. d. Übers.).

Außerdem kann die Sichtweise der Kombination, da sie die Gesellschaft nicht *konfrontiert*, in die Anpassung verfallen, besonders wenn sie träge ist in dem, wie sie sich über Sünde äußert. Ironischerweise ist ein weiteres Problem, das sich mit der Anschauung der Kombination ergibt, dass der christliche Glaube ganz vermittels seines kulturellen Gewands gesehen werden kann. Wie ist es möglich, dass der christliche Glaube durch seine kulturelle Aufmachung verdeckt wird? Christus wird so oft als das Endziel all dieses irdischen Verlangens dargestellt. Aber was geschieht, wenn menschliches Verlangen schwankt? Wenn Menschen nicht länger glauben, dass sie das brauchen, was sie einst dachten, dass sie es brauchten, dann sind sie vielleicht nicht sicher, wie oder warum sie Christus noch wollen. Einige junge Leute, die mit so vielen kulturellen Verlockungen (beispielsweise „Geh bis zum Äußersten mit Jesus") „zu Christus geführt wurden", werden erwachsen und haben dann an jenen kulturellen Verlockungen keinen Gefallen mehr. Sie wandern vielleicht ganz von Christus ab. Demografische Studien zeigen, dass dieses Abwandern tatsächlich stattfindet.

Oszillation

Oszillation ist ein Hin- und Herbewegen; die Bezeichnung dieser Sichtweise deutet darauf hin, dass sich der Gläubige in seinem Leben zwischen Belangen dieser Welt und einer anderen Welt hin- und herbewegt. Vielleicht ist *Dualist* ein besserer Begriff, da auf ein Leben nach *zwei* Prinzipien hingewiesen wird. Diese Sichtweise zieht im Gegensatz zu den beiden vorher genannten die radikale Sünde in der Menschheit und ihrer Kultur in Betracht – wobei Sünde nicht als *Kleinheit*, sondern als Vergehen gegen Gott definiert wird. Trotzdem versteht diese Anschauung, anders als die allererste (radikale Absonderung), dass irdische Kultur ihren Platz hat. Der Mensch muss in ihr leben und Gott kann in ihr wirken und tut es auch. Doch weil diese Kultur so sündhaft ist und unter Gottes Verdammung steht, sind sogar ihre besten Bemühungen unter Verdammung, es sei denn, dass sie durch Gottes Gnade vollbracht werden. Die besten Bemühungen des Menschen sind wie ein beflecktes Kleid. Baue ein Gemeindehaus oder baue ein Bordell; ohne Gott ist beides sündhaft gottlos.

Allerdings wirkt Gott in der Kultur, ob Ihn die Menschen dabei anerkennen oder nicht. Gott kann in der Kultur *negativ* wirken, was bedeutet, dass Er die menschliche Regierung mit ihrer Macht des Schwertes und kultureller Sitten verwendet, um den Menschen davon abzuhalten, so böse zu sein wie er es sein könnte. Dies ist mehr ein Hindern dessen, was negativ ist, als ein initiatives Errichten einer besseren Gesellschaft. Und Gott kann für Menschen sorgen und Seine allgemeine Liebe zur Welt durch das Wirken von Kultur zeigen – Landwirtschaft, Architektur, Erziehung, bildende Kunst, Regierung usw.

Gläubigen schenkt Gott auch Gnade in Christus, sodass sie mit neuen christlichen Prinzipien in einer gefallenen Welt leben können. (Hier kommt es zum Dualismus.) Der

Gläubige lebt jetzt ein Leben des Glaubens an Gott; er bringt nicht Gott seine Werke (vgl. Epheser 2,9) – Werke sollten darauf gerichtet sein, den Mitmenschen zu dienen. Weil der Gläubige an Christus glaubt, lebt er christlich und reagiert entsprechend auf das, was ihm in der irdischen Kultur begegnet. Gott bringt Gläubige in bestimmte Positionen in der Kultur, wo sie dienen sollen; Gläubige müssen lernen, sich an den jeweiligen Ort, an dem sie sich durch Gottes Fügung befinden, anzupassen. Also dürfen sich Christen nicht von der Gesellschaft zurückziehen, sondern sie müssen ihre Nächsten lieben – trotz der Bürden, die ihnen ihre Kultur auferlegt, ganz gleich, ob es eine totalitäre Diktatur oder eine hedonistische Demokratie ist. Das Wesen eines solchen Lebens ist selbstlos, *agape*.

Obwohl dies nicht meiner Sichtweise entspricht, finde ich diese Anschauung dennoch biblisch vertretbar. Der große Reformer Martin Luther ist ein robustes Beispiel dafür, wie man in der Welt in Gott wohlgefälliger Weise lebt. Roger Williams ist mit seinen Ansichten über die Trennung von Kirche und Staat – radikal zu seiner Zeit – ein weiteres Beispiel dieser Sichtweise. Das Hauptproblem dieser Anschauung gleicht einem der Probleme der radikalen Absonderung, allerdings in einem geringeren Ausmaß. Diese Auffassung gibt nur wenig Antrieb zu positivem, initiativem Wirken in der Kultur (weil Gott negativ wirkt und weil Christen da, wo sie sich befinden, richtig reagieren sollen). Sie ermutigt nicht dazu, Gottes Wort auf alles anzuwenden. Deswegen ist sie vielleicht nicht so wirksam, wenn man bestimmten Sünden da entgegentreten will, wo sie in der Kultur zum Vorschein kommen. Des Weiteren sieht es so aus, als ob sie eine künstliche Kluft in den Tätigkeiten eines Gläubigen schafft, obwohl es scheint, dass die Bibel andeutet, dass das Evangelium weit reichende Auswirkungen auf jeden Aspekt der Persönlichkeit hat, einschließlich des sozialen Aspekts.

Verwandlung

Ich befürworte vorsichtig diese letzte Sichtweise, obwohl meine theologischen Differenzen mit Niebuhr es erforderlich machen, dass sich meine Darstellung von seiner unterscheidet. (Essay 3 führt detailliertere Parameter an, die ich für richtig halte, obwohl der Essay nicht unbedingt eine bestimmte Auffassung vertritt.) Die Sichtweise der Verwandlung bezeichnet genau wie die der Oszillation die menschliche Kultur als sehr sündhaft, aber sie erkennt auch deutlich, dass Sünde ein Schandfleck auf der im Grunde guten Schöpfung Gottes ist. Gott machte alle Dinge gut. Gott erschuf ein Wesen in Seinem Bild (den Menschen), das sich fortpflanzen und eine Kultur über jene gute Schöpfung verwalten (oder *kultivieren*) sollte, aber die Sünde des Menschen brachte den Vorgang, den Gott befohlen hatte, in eine Schieflage. Auch wenn der Vorgang schief ist, so ist die bestehende Kultur, obwohl sie verdreht ist, nicht nur ein notwendiges Übel, um den Menschen davon abzuhalten, so schlimm zu sein, wie er es sein könnte. Gott plante von Anfang an eine Kultur.

Der Vertreter der Sichtweise der Verwandlung entsinnt sich der ursprünglichen Schöpfung und glaubt, dass das neue Lebensprinzip, das Christus bringt, nicht eine *völlig neue* Idee ist, sondern eher einen Vorgang der *Erneuerung* dessen darstellt, was hätte sein sollen (Römer 12,1-2; 2. Korinther 3,18; Kolosser 3,10). Mit der Errettung eines Menschen beginnt in ihm der Vorgang, durch den das Bild Gottes erneuert wird. Während dieses Bild im Wesen verwandelt wird, werden seine Funktionen und kulturellen Einflüsse ebenfalls verwandelt (Matthäus 28,20). Die Zielsetzung des Gläubigen in der Kultur ist demzufolge erstens, die Art und Weise, wie er Dinge tut, zu ändern (um Gottes Wort zu entsprechen) und dann seine Arbeit zu verwenden, um eine sündhafte Gesellschaft, die einen Weg begeht, den Gott nicht vorgesehen hat, zu konfrontieren. Durch die Gnade Gottes und in der Kraft des Heiligen Geistes wird der Christ seinen Einfluss geltend machen und in Menschen in seiner Umgebung echte Veränderungen sehen.

Fazit

Ich bezweifle, dass ich auf so wenigen Seiten ein so umfassendes Paradigma vermitteln kann; ich kann dich also nur dazu ermutigen, dass du mir dabei hilfst, mein bescheidenes Ziel zu erreichen: Beginne damit, biblisch zu denken. Versuche in deinen Diskussionen, die Fragen in der Übersicht (S. 118-119) und die Überlegungen des Essays einzubringen. Erkenne, wo du bezüglich dieser grundlegenden Fragen mit Ansichten übereinstimmst oder nicht übereinstimmst, und verwende dies als Ansatzpunkt. Suche in der Bibel nach Antworten auf diese Fragen. Achte darauf, dass deine Überlegungen in einer folgerichtigen Beziehung stehen – sowohl zueinander als auch zur Schrift (d. h. glaube nicht nur einfach, was ich sage). Stell dir selbst mehr Fragen. Zum Beispiel: Inwiefern unterscheidet sich der Optimismus von jemandem, der das Prämillennium vertritt, von dem eines Befürworters des Postmillenniums? (Vertreter des Prämillenniums glauben, dass das Reich Gottes erst bei der Wiederkehr Christi vollständig errichtet wird. Dem Postmillennium zufolge vollendet die Wiederkehr Christi die Errichtung Seines Reiches, die Er gegenwärtig durch Sein Volk wirkt.) Wenn du folgerichtig leben willst, wäre es viel besser, mit einem Paradigma zu beginnen – wie spärlich es auch sein mag –, als keines zu haben.

Ein Paradigma von fünf Sichtweisen:

Sichtweise		Frage		
		Wie bezeichnet Niebuhr diese Sichtweise?	*In wie vielen „Kulturen" lebt ein Gläubiger?*	*Ist die äußere Kultur gut oder schlecht?*
Extrem. ein-weltlich	**Radikale Absonderung**	„Christus *gegen* Kultur" (alias „neues Gesetz")	Gänzlich in einer neuen, „„himmlischen" Kultur, die von Christus eingeführt wurde	Schlecht; man muss sie verlassen.
	Totale Anpassung	„Christus *von* Kultur" (alias „Naturgesetz")	Gänzlich in der Kultur dieser Welt, in die sich Christus begeben hat	Hauptsächlich gut; Christus verkörpert kulturelle Ideale.
Mäßigend. zwei-weltlich	**Kombination**	„Christus *über* Kultur" (alias „synthetisch")	In dieser gegenwärtigen Kultur, aber auf der Suche nach einer höheren Kultur, oft durch das Beste dieser Welt	Hauptsächlich gut; benötigt aber Christus zur Vollendung
	Oszillation	„Christus und Kultur im *Paradox*" (alias „Dualist")	Zwangsläufig in dieser Kultur, auch in der neuen Kultur; keine enge Beziehung zwischen den beiden	Hauptsächlich schlecht, aber ironischerweise muss der Gläubige lernen, in ihr zu leben.
	Verwandlung	„Christus *verwandelt* Kultur" (alias „Konversionist")	Zwei; Gläubige versuchen, die gegenwärtige Kultur an die Ideale der neuen Kultur anzugleichen.	Hauptsächlich schlecht, aber Christus verändert sie zum Guten.

Christus und Kultur

Frage				
Gibt es irgendeine Hoffnung für die äußere Kultur?	*Was ist die Quelle der Sünde? Welche Beziehung hat Sünde zur Kultur?*	*Brauchen wir eine „neue" Kultur? Was bedeutet „neu"?*	*Was ist Geschichte für den Christen (zitiert von Niebuhr, S. 194-95)?*	*Wer/was vertritt diese Sichtweise?*
Nein; steig aus, solange du kannst.	Sünde kommt von der Kultur selbst.	Ja; „neue" Kultur bedeutet eine gänzlich andere Kultur, die die Kultur dieser Welt ersetzen soll.	„Die Geschichte einer wachsenden Gemeinde oder christlichen Kultur und einer sterbenden heidnischen Zivilisation"	Mönche in zurückgezogenen Gemeinschaften; Amische; Zeugen Jehovas
Ja; alle unsere Hoffnungen sind irdische Hoffnungen.	Sünde kommt von der Natur; Sünde ist metaphysisch, nicht moralisch.	Nein; wir müssen nur den Idealen innerhalb der gegenwärtigen Kultur gerecht werden.	„Die Geschichte der Begegnung des Geistes mit der Natur"	Soziales Evangelium; theologischer Liberalismus; R. W. Emerson
Ja; in der Kultur gibt es viel Gutes, das auf Christus hinweisen kann.	Der Wille des gefallenen Menschen (auch sichtbar in der Kultur; wird hier aber nicht ernstlich in Betracht gezogen)	Ja; wir würden das Beste im Leben versäumen, wenn wir die „neuen" Dinge, die Christus brachte, auslassen.	„Eine Zeit der Vorbereitung unter Gesetz, Verstand, Evangelium und Gemeinde für eine ultimative Gemeinschaft der Seele mit Gott"	Philosophie der zeitgenössischen christlichen Musik; römisch-katholische Philosophie (wie von Thomas v. Aquin)
Nicht viel; Gottes Wirken in der äußeren Kultur verhindert hauptsächlich weiteres Übel.	Der Wille des gefallenen Menschen (auch sichtbar in der Kultur; wird hier sehr ernst in Betracht gezogen, nahezu pessimistisch)	Ja; die „neue" Kultur steht neben der alten; Gläubige müssen zu beiden eine Beziehung finden.	Die Zeit des Kampfes zwischen Glauben und Unglauben, eine Zeitspanne zwischen dem Geben der Verheißung des Lebens und ihrer Erfüllung"	Fundamentalistische Kreise; klassisches Luthertum; Roger Williams
Ja; Gott verfügt über die Macht, das Schlechte zu erlösen und es in etwas Gutes zu verwandeln.	Der Wille des gefallenen Menschen (auch sichtbar in der Kultur; wird ernstlich in Betracht gezogen, aber optimistisch)	Ja; das Werk Christi kann eine „neue" Kultur schaffen, indem es die alte umgestaltet.	„Die Geschichte von Gottes mächtigen Taten und den Reaktionen des Menschen"	Fundamentalistische Kreise; Puritaner

(Material basierend auf Christus und Kultur von H. Richard Niebuhr)

ÜBER DEN INHALT HINAUS

von Michael Osborne

Hast du jemals gehört, dass jemand sagte: „Das Internet ist nur ein Werkzeug; ob es gut oder schlecht ist, hängt letztlich von dem ab, was man im Internet ansieht"? Hmm. Darf, wenn wir biblisch denken, unsere Bewertung bei dieser einfachen Aussage enden? Angesichts dessen, was in den vorherigen Essays gesagt wurde, ist obige Behauptung nur teilweise wahr. *Am Internet ist mehr dran als nur sein Inhalt: Christen müssen auch die Form des Internets bewerten.* Natürlich enthält das Internet sowohl hilfreiche wie auch schädliche Websites. Menschen können das Bruttoinlandsprodukt von Burundi in Erfahrung bringen oder sich mit Pornografie zugrunde richten; sie können einen vergriffenen Klassiker finden oder sich in einem satanischen Rollenspiel verlieren. Für bibelgläubige Christen sollte die Bewertung dieser verschiedenen Möglichkeiten ein Kinderspiel sein. Aber das Internet wirkt auf seine Benutzer auf subtilere Weise ein als nur durch seine Bilder. Diese Auswirkungen kommen nicht vom Inhalt des Internets, sondern von dem, *wie das Internet selbst beschaffen ist.* Essay 3 ermahnte dich in einem Abschnitt: „Lerne zu unterscheiden". Er betrachtete direkte Aussagen, subtile Bemerkungen, Fragen des Lebensstils und die bildenden Künste. Jetzt wollen wir mit unserer christlichen Unterscheidungsfähigkeit noch ein paar Schritte weitergehen, um die möglicherweise heimtückischen Auswirkungen dessen, wie die Technologie selbst beschaffen ist, zu untersuchen.

Bewertung übergeordneter Fragen

Die Schrift befiehlt Gläubigen: „Prüft [testet] alles, das Gute behaltet [haltet fest]!" (1. Thessalonicher 5,21). Sie befiehlt uns auch: „Mache die Bahn für deinen Fuß gerade, und alle deine Wege seien bestimmt" (Sprüche 4,26). Wenn wir das Gebot von 1. Korinther 10,31, Gott in allen Dingen Ehre zu geben, klug befolgen, können wir es uns nicht leisten, *irgendetwas* zu ignorieren. Augustinus sagte: „Klugheit ist Liebe, die zwischen den Dingen, die dabei helfen, Gott zu erreichen, und den Dingen, die hinderlich sein könnten, in rechter Weise unterscheidet."[32] Wir werden also eine möglichst umfassende Auswahl von Fragen eingehend betrachten. Zuerst werden wir Überlegungen darüber

---

[32] Augustinus: *The Catholic and Manichaean Ways of Life*, übers. von Donald A. Gallagher und Idella J. Gallagher, Band 56 von *The Fathers of the Church*, Hrsg. Roy Joseph Deferrari (Washington; The Catholic University Press, 1966), B. 1, Kap. 15, Absatz 25.

anstellen, *was* das Internet ist und was es tut. Dann werden wir auch ein paar tiefer gehende Fragen zu Motivationen im Leben – dem *Warum* von Dingen – stellen und einen Rahmen dafür vorgeben, warum wir das Internet möglicherweise wollen oder nicht wollen. Schließlich werden wir untersuchen, *wie* das Internet funktioniert (angesichts dessen, was es ist und was es tut) und wie es für uns helfen oder hindern kann, gute Ziele zu erreichen.

Das „Was" des Internets bewerten

Der erste Teil der Behauptung am Anfang dieses Essays, „Das Internet ist nur ein Werkzeug", ist wahr, obwohl das Wort *nur* möglicherweise die Bedeutung von Werkzeugen zu Unrecht herabsetzt. Du hast wahrscheinlich von Karl Marx gehört, einem Philosophen, der die „Produktionsmittel" (d. h. Werkzeuge) bei der Gestaltung der Weltgeschichte hervorhob. (Natürlich hatte Marx Probleme. Er dient in diesem Essay nur als Beweis dafür, dass Werkzeuge in einer Weltanschauung kein kleines Detail sind und dass sich ein Christ, wenn er auf Marx eine Antwort geben soll, wahrscheinlich auch über Werkzeuge Gedanken machen muss.) Ein Werkzeug hilft uns, Aufgaben zu erledigen, und das Internet tut dies zweifellos. Das Internet ist Teil einer Technologie, sowohl im alltäglichen engeren Sinn elektronischer Dinge als auch im weiteren Sinne – „die einer Gesellschaft zugängliche Gesamtheit aller Erkenntnisse, die bei der Herstellung von Hilfsmitteln, bei der Ausübung manueller Künste und Fertigkeiten sowie bei der Auswahl und Zusammenstellung von Materialien von Nutzen ist."[33]

Die Bibel hat über Werkzeuge einiges zu sagen. Sogar Götzen sind eine Art Werkzeug. (Lies Jesaja 44,9-20.) Heidenvölker gestalteten Götter, die sie als Glücksbringer ansahen. Die Götter dienten den Heiden als *Mittel* zum *Zweck*. Es mag irrsinnig erscheinen, dass sich ein Mensch damit abmüht, einen Holzblock zu bearbeiten, um dann jenen Holzblock anzubeten. Aber das ist so geschehen und einige tun dies immer noch. Das Wesen von Sünde ist derart erniedrigend, dass sich der Mensch vor dem verneigt, was unter ihm ist, vor etwas, das er selbst gemacht hat. Anstatt das Werk seiner Hände zu verwenden, um damit Gott und den Menschen zu dienen, macht er einen Gott, um sich selbst zu dienen.

Wenn die primitive Götzentechnologie überholt ist, verbleibt ein „zivilisierteres" Element des Götzendienstes. Sogar Salomo und Jesus warnten vor diesem besonderen Werkzeug/Götzen – etwas, das normalerweise nicht als Werkzeug angesehen wird, das aber trotzdem eines ist. Es bringt keine mechanische Antriebskraft hervor, sondern eine wirtschaftliche. Jenes Werkzeug ist Geld (Sprüche 11,28; Markus 10,25). Bares, Schecks, Kreditkarten, elektronisches Geld – egal wie Geld *physisch* beschaffen ist, ist es doch das

---

[33] *The American Heritage College Dictionary*, 4. Ausgabe, Stichwort "Technologie".

Produkt des Menschen. Im Gegensatz zu einem Holzblock *tut* dieses Werkzeug tatsächlich etwas, wenn wir es verwenden. Aber wir müssen daran denken, dass der Mensch das Geld nur erfunden hat, um den Handel zu beschleunigen. Ein Reicher, der die Tatsache ignoriert, dass die gesamte wirtschaftliche Antriebskraft des Geldes von dem Gott herrührt, dem das Vieh auf tausend Bergen gehört, verlässt sich möglicherweise zu seiner eigenen Verdammung auf schiere Wirtschaftskraft (vgl. Psalm 50,10; Matthäus 6,24). Es ist wichtig, dass Werkzeuge da sind, wo sie hingehören.

Das „Warum" des Internets bewerten

Wenn du Essay 3 gelesen hast, weißt du, dass ein Kennzeichen von Kultur ist, dass sie von Werten bestimmt wird. Einzelne und Gruppen, die an einer Palette von Werten festhalten, wollen, dass jene Werte von der Gesellschaft angenommen werden. Der Christ muss lernen, mit der Welt auf der Ebene des „Warums" (Werte) in einer Wechselbeziehung zu stehen, und er kann dies tun, wenn er erkennt, dass jedes „Was" (wie zum Beispiel das Internet oder Werkzeuge im Allgemeinen) ein „Warum" widerspiegelt (vgl. das Prinzip von Matthäus 7,20). Dies ist eine *teleologische* Perspektive, d. h. eine Perspektive, die das *telos* betrachtet, das Ende oder Ziel. Gott verfolgte mit der Schöpfung ein Ziel und Menschen, die in Seinem Bild erschaffen sind, tun dies ebenso (Epheser 1,10; Offenbarung 4,11). In einer gefallenen Welt verfolgen Menschen gute Ziele und schlechte Ziele, gute Ziele und bessere Ziele.

Zur Veranschaulichung, wie man das „Warum" im „Was" erkennen kann: welche Art von Werten spiegelt eine Mikrowelle wider? Ein Rollo? Ein Anrufbeantworter? Ein Paar Jeans? Eine Tafel mit Kreide und Schwamm? Hier sind ein oder zwei Vorschläge für jeden der genannten Gegenstände: Geschwindigkeit beim Kochen; Ungestörtheit; Kontrolle darüber, wann und wie wir kommunizieren; Tragekomfort und Strapazierfähigkeit; und Wiederverwendbarkeit und Sichtbarkeit. Aber jede der erwähnten Technologien stellt nicht nur jeweils ein oder zwei „Warums" dar; vielmehr ist jede das Ergebnis von vielen Generationen kultureller Dialoge und Debatten über Werte und Ziele und Strategien, wie jene Ziele erreicht werden können.

Je mehr ein Werkzeug verwendet wird, desto mehr verschwindet es im Hintergrund und wird als selbstverständlich angenommen. Aber die Dinge, die wir als selbstverständlich annehmen, sind die Dinge, die wir ohne Bezug zu dem Gott, der sie ermöglichte, und zu der Kultur, die sie formte, nehmen. Dies ist der Grund dafür, dass die Reichen in den Begegnungen und Gleichnissen Jesu so viele Schwierigkeiten hatten: für sie war Geld eine Selbstverständlichkeit und sie verließen sich darauf (Lukas 12,16-21). Hast du jemals von einem verwöhnten Kind gehört, das später als Erwachsener in einer Menge Schulden endete? Dies ist so, weil das verwöhnte Kind der Gefahr ausgesetzt ist, Geld als etwas anzusehen, das für das Kind sorgt (ein Götze), anstatt dass es etwas ist, um das man sich kümmern muss und mit dem man Dinge verwaltet (ein Werkzeug). Es ist ein Merkmal des Sündenfalls, wenn wir vergessen, dass Gott für uns sorgt – und nicht unsere Werkzeuge.

Nun, für den Christen ist das einzig wahre, richtige und förderungswürdige „Warum" Gottes Ehre und des Menschen Nutzen (Matthäus 22,36-40; 1. Korinther 10,31). Wenn man etwas „zur Ehre Gottes" tut, kann dies leicht ein gefühlsduseliger, aber inhaltsleerer Traum werden. Wenn ich etwas zur Ehre Gottes tue, bedeutet das lediglich, dass ich es mit einem Lächeln und einem warmen Gefühl im Herzen tue? Wir müssen dafür sorgen, dass „zur Ehre Gottes" etwas *bedeutet*, das wir mit Worten ausdrücken können. Eine Möglichkeit, wie wir das tun können, ist, dass wir alle die kleineren „Warums" (die Werte) in unserem Leben nehmen und sicherstellen, dass sie auf die größeren „Warums" hinweisen (Gottes Ehre und des Menschen Nutzen). Dann müssen wir lernen, jedes „Was" (alle Gegenstände) unter unsere „Warums" (unsere Werte) zu stellen. Wenn der Christ jeden Gedanken für Christus gefangen nimmt, wird er bestrebt sein, die Beziehungen zwischen verschiedenen Vorstellungen zu verstehen und sicherzustellen, dass sich alle seine Vorstellungen in richtiger Weise auf Christus und Sein Reich beziehen (2. Korinther 10,4-6).

Somit sind für den Christen Werkzeuge das Werk menschlicher Hände. Sie helfen ihm, die Arbeit zu tun, die ihm Gott gegeben hat (1. Mose 1,26-28). Diese Arbeit ist gut und der Mensch hat das Recht, zu versuchen, seine Arbeit zu verbessern. Aber der Mensch muss Acht geben, dass er seine Ausrichtung und Kraft von Gott bekommt und dass er sich nicht auf sich selbst oder die Arbeit seiner eigenen Hände verlässt.

Wenn du mir bis hierher gefolgt bist, dann denkst du vielleicht: „Aber er hat sein Argument nicht bewiesen. Wenn alle diese Werkzeuge förderliche Werte widerspiegeln können, dann läuft es auf die einfache Frage hinaus, was jemand mit diesen Werkzeugen macht." Ah, aber du musst Geduld haben. Wir sind noch auf der Startbahn. Wir wollen jetzt einen Moment lang zurückblicken, bevor wir abheben.

1. Werkzeuge stellen einen bedeutenden Teil des Lebens dar, wobei es wichtig ist, dass sie in einer Weltanschauung den „richtigen Stellenwert bekommen".

2. Werkzeuge haben, wie alles andere auch, zum Teil eine Bedeutung aufgrund der vielen und verschiedenartigen Werte, die sie widerspiegeln.

3. Christen müssen ihre Werte – und die Gegenstände, die jene Werte widerspiegeln – auf Gottes Ehre ausrichten. Der gefallene Mensch kann leicht umschalten und seine Perspektive ändern: dann lässt er seine Werkzeuge für sich sorgen, wobei diese sein Denken und seine Erwartungen prägen.

Das „Wie" des Internets bewerten

Nun, *jeder* dieser Werte, die ein Werkzeug widerspiegelt, kann zurückkommen und das Denken eines Menschen, seine Erwartungen und sogar seinen Lebensstil beeinflussen. Denke an Nebukadnezar (Daniel 4); alle die Errungenschaften seines Reiches brachten ihn dazu, zu glauben, dass er wirklich großartig war.

Ein paar einleitende Überlegungen: erstens sind die Auswirkungen der Werkzeuge auf unser Denken und Handeln manchmal subtil. Zweitens: Werkzeuge sind begrenzt, wenn es darum geht, ein Ziel zu erreichen. Mitunter sind Werkzeuge so begrenzt, dass sie für die Ziele, die sie zu erreichen suchen, andere Ziele opfern. (Zum Beispiel: wenn du dir bei jeder Gelegenheit auf kleinen, gelben, selbstklebenden Merkzettelchen Notizen machst, dann hast du den Vorteil, dass du sie überall da, wo du sie brauchst, anbringen kannst, aber es ist nicht so einfach, sie einzusammeln und zu ordnen.) Werkzeuge implizieren, dass einige Ziele nützlicher sind als andere. Wir müssen also bewerten, wie Werkzeuge funktionieren, und erkennen, wo sie unzulänglich sind und was sie über die Prioritäten von Werten aussagen. Dann müssen wir bewerten, ob der Vorrang, den das Werkzeug bestimmten Werten gibt, unseren Werten entspricht.

Um dies zu veranschaulichen, wollen wir als Beispiel die Reglementierung von Waffenbesitz betrachten – ein Begriff, der fast überall in den Vereinigten Staaten zu Streit führen kann. Du hast die Autoaufkleber gesehen: „Bekämpfe Verbrechen. Feuere zurück." Der Spruch, der mich hier besonders interessiert, lautet: „Schusswaffen töten keine Menschen. Menschen töten Menschen." Schusswaffen sind weder notwendig, um zu töten (Kain schaffte es, ohne viel Technologie zu morden), noch sind sie unbedingt Mordmaschinen. Aber wir müssen zugeben, dass Schusswaffen äußerst dienlich sind, wenn jemand töten will. Ein verantwortungsbewusster Erwachsener räumt ein, dass seine Waffe gefährlich ist; und was auch immer seine Absicht damit ist – Fasanjagd, Tontaubenschießen oder die Verteidigung seines Zuhauses –, er kann die Waffe nicht herumliegen lassen, damit sein fünfjähriges Kind damit spielt.

Wie auch immer du über die Reglementierung von Waffenbesitz denkst, die Tatsache, dass es darüber eine Debatte *gibt*, unterstreicht den Konflikt und die Prioritäten von Werten, beabsichtigte und unbeabsichtigte Folgen des Besitzes von Werkzeugen und wie man mit ihnen in verantwortungsvoller Weise umgeht. Die Reglementierung von Waffenbesitz erregt Aufmerksamkeit, weil damit das Zählen von Menschenleben verknüpft ist. Wenn Menschen sterben, zollen Menschen Aufmerksamkeit. Mit dem Internet ist es ganz anders. Niemand stirbt, wenn jemand Bücher von einem Online-Buchhändler bezieht. Aber das Internet kann einen Konflikt von Werten und unbeabsichtigten Folgen mit sich bringen, einfach weil es als ein Werkzeug mannigfaltige Werte widerspiegelt und bei ständiger Nutzung beeinflussen kann, wie Menschen denken und arbeiten.

Was nun folgt, sind verschiedene Überlegungen in der Form einer Einkaufsliste. Das Internet ist für den Christen ein nützliches Werkzeug, aber das Internet kann den Christen beeinflussen, indem es seine Gedanken, Erwartungen und Vorgehensweisen verändert – in einer Art und Weise, die das Voranbringen von Gottes Reich eventuell (und natürlich nicht unbedingt) erschwert. Wie bei der Reglementierung von Waffenbesitz reicht ein Bewusstsein jener potenziellen Probleme möglicherweise aus, um zu verhindern, dass sie Realität werden.

Erstens spiegelt das Internet den Wert von Geschwindigkeit wider. Wenn Dinge (oder Daten) schnell gefunden werden, bedeutet dies mehr Zeit, sie zu verwenden, und so kann das Internet etwas Gutes sein. Was für eine unglaubliche Fähigkeit, das Bruttoinlandsprodukt von Burundi in weniger als einer Minute finden zu können! Wenn Benutzer des Internets es jedoch gewöhnt sind, so viele Dinge *jetzt* zu haben, besteht die Gefahr, dass sie erwarten, dass *alles jetzt* geschieht. Denke an Ahab und sein Verlangen nach dem Weinberg Nabots (1. Könige 21,1-16). Hast du jemals an einem langsameren Computer gearbeitet und dich gewundert: „Warum braucht er nur so lange?", wenn es mehr als ein paar Sekunden dauerte, bis die Suchergebnisse zurückkamen? Vielleicht befindest du dich bereits auf dem Weg zu tief verwurzelter Ungeduld. Nimm dich in Acht! Eine Ironie der Geschwindigkeit des Internets ist die Zeit, die im Internet verbracht wird. Man kann sich *sehr* leicht in Dingen verfangen – egal wie förderlich sie auch sein mögen – Dinge, die wir nie ansehen wollten, aber die uns bei den Suchergebnissen irgendwie ins Auge fielen. Am Schluss geht uns auch Zeit von unserem ursprünglichen Vorhaben ab. Kaufe die Zeit aus (Epheser 5,16)!

Zweitens spiegelt das Internet den Wert der Zugänglichkeit von riesigen *Mengen* und verschiedenen Arten von Informationen, Waren und Dienstleistungen wider. Die leichte Zugänglichkeit ist jedoch so überwältigend, dass wir möglicherweise vergessen, die *Qualität* der Informationen, die wir abrufen, zu prüfen. Gott möge uns davor bewahren, dass wir das Internet für uns *denken* lassen – in der Annahme, dass die überwältigende Fähigkeit, Informationen zu finden, Weisheit darstellt. Das tut sie nicht. Dies gilt sogar für Bibelsoftware. Nur weil ich jede Verwendung des Wortes *agapē* im Neuen Testament finden und nachlesen kann, heißt das nicht, dass ich wirklich von jenen Abschnitten Wahrheiten auf mich selbst bezogen habe. Eine Theologie, die nur „ausschneidet und einfügt", riskiert, das Wort der Wahrheit falsch zu teilen (2. Timotheus 2,15). Wir erhielten die „Schrauben und Muttern" der Informationen ohne Schweiß und wir sind versucht, sie wie am Montageband nur einfach in unsere eigene Arbeit einzuschrauben, als ob wir es irgendwie automatisch richtig tun würden. „Warum sollen wir weiter nachforschen?", fragen wir uns. „Ich habe schon genügend Material; es ist egal, ob ich es durch und durch verstehe oder nicht." Wahres Bibelstudium bedeutet, dass die Gesamtheit deiner vielfältigen Persönlichkeit auf die Wahrheit ausgerichtet wird, die letzten Endes eine Person ist (Johannes 14,6), nicht eine Liste von Texten. Aber wir werden uns gleich mehr damit befassen. Merke dir zunächst einmal: INFO ≠ GEDANKE.

Darüber hinaus tendiert die Zugänglichkeit einer solch umfassenden Vielfalt von Waren und Informationen dazu, die Waren und Informationen zu relativieren (sie gleich aussehen zu lassen); oder schlimmer: sie begünstigt das, was auch immer die Suchmaschine als Erstes nennt. Bringe nun eine solch große Auswahl verschiedener Qualitäten mit der Anonymität des Internets in Verbindung: du kennst nicht die Befugnis und die Referenzen des Autors einer bestimmten Website. Du kannst oftmals Wirtschaft bei einem Neomarxisten studieren, ohne dass es dir bewusst ist. Oder du könntest (wie ich das häufig in meinem Fachbereich tue) auf eine Theologie-Website von Pastor Hubermeier aus Hintertupfingen stoßen, auf der jener ganze Fuhren von nicht studiertem Quatsch ablädt und diesen genauso gut präsentiert wie die Hilfsmittelseite eines angesehenen Seminars, wenn nicht sogar besser. Einige Menschen sind nicht vertrauenswürdig. Denke an Rehabeam und den schlechten Rat, den er befolgte (1. Könige 12). Sprüche 18,17 sagt: „Wer sich in seinem Prozess zuerst verteidigen darf, hat recht – doch dann kommt der andere und forscht ihn aus." Das heißt, der Erste, der in einer Debatte spricht, kann ziemlich überzeugend erscheinen, aber es ist normalerweise notwendig, dass sich auch die andere Seite äußert, bevor eine Entscheidung getroffen wird. Die erste Website, die deine Suchmaschine abruft, ist oft nicht die beste.

Drittens schätzt das Internet Benutzerfreundlichkeit bei der Navigation. Willkommen in der Welt der Hyperlinks. Mit einem Begriff nicht vertraut? Klicke einfach einen Hyperlink an und finde Websites, die jenen Begriff eingehender erläutern. Du beginnst mit der Suche nach Informationen über die Magna Carta und landest bei der Frage, wie die Päpste mit den englischen Erzbischöfen umgingen (oder bei noch weiter entfernten Themen). Dann wieder zurück zur Magna Carta. Diese Art des Recherchierens hat jedoch viele Nachteile, besonders weil dadurch ein lineares Verständnis eines Themas unterbrochen wird. Ungelerntes Abschweifen erzieht uns nicht dazu, die Punkte ABC zu durchdenken, Ideen richtig einzuordnen (was von zentraler Bedeutung ist, was nicht so wichtig ist), Argumente sorgfältig zusammenzustellen, das Für und Wider dem Verhältnis entsprechend abzuwägen. Ironischerweise betrachten Menschen die Fußnoten in einem Buch oft als lästige Ablenkung. Im Internet tun wir manchmal nichts anderes als einen Hyperlink nach dem anderen anzuklicken – was einer Reihe von Fußnoten entspricht. Uns bleiben nur die Ziegel und kein Mörtel. Gute Bücher ermutigen uns jedoch, die gedankliche Entwicklung zu verfolgen, um zu erkennen, wie Argumente im Verlauf einer ausgedehnten Abhandlung aufgebaut werden. Wenn du zum Beispiel Francis Schaeffers *Der Gott, Der Da Ist* liest, vermittelt es dir, egal ob du alles verstehst oder nicht, ein überzeugendes Verständnis der Struktur von Schaeffers Gedanken. In einer Zeit, wo viele Erwachsene die Aufmerksamkeitsspanne eines Zwölfjährigen haben, müssen wir dem Drang widerstehen, von Idee zu Idee zu flitzen. Es ist nicht nur so, dass das Internet keine konzentrierte Aufmerksamkeit erfordert, sondern es könnte auch – zusammen mit der Fernbedienung – in vielen Bereichen ein Leben im „Browser-Stil" fördern.

Wir wollen nun eine der möglichen Gefahren des nichtlinearen Lernens mithilfe der Filmtechnik *Montage* veranschaulichen. Eine Montage ist eine Reihe von kurzen Filmclips, die nebeneinander gestellt werden, um eine Botschaft auszusenden, die mehr aussagt als alle Teile zusammen. Stell dir zum Beispiel einen Filmclip vor, in dem eine Frau nachts allein an einem Tisch sitzt, der für zwei gedeckt ist. Ein sehr kurzer Filmschnitt eines Krankenwagens im Einsatz. Zurück zu der Frau, die langsam die Gardinen zur Seite schiebt, um aus dem Fenster zu blicken. Als Nächstes eine Szene mit einer Menschenansammlung auf einem Gehsteig, rotes Blinklicht fällt auf Gesichter. Jetzt wählt die Frau mit Bedacht eine Telefonnummer. Jetzt holen die Sanitäter eine Trage vom Krankenwagen. Der Filmhersteller hat eine ganze Menge vermittelt, nicht wahr? Wer auch immer es ist, auf den die Frau wartet, ist in einen Unfall verwickelt worden. Der Filmhersteller weiß, dass Menschen Ideen, die auf assoziierten Wahrnehmungen beruhen, intuitiv verstehen. Die Art und Weise, wie Wahrnehmungen miteinander verknüpft sind, hat sehr viel mit unseren Folgerungen zu tun. Die meisten Filme machen sich Montage zunutze; das Medium des Films ist ideal, um in dieser Weise Inhalte zu vermitteln.

Das Internet ist anders geartet. Es gibt keinen gerissenen Filmregisseur, der dein Denken beeinflusst; vielmehr bist du dem, auf was auch immer du zufällig stößt, auf Gedeih und Verderb ausgeliefert. Bringe dies mit der Relativität und dem schieren Umfang des Internets in Verbindung und wer weiß, mit welchem bruchstückhaften und unvollständigen Bild du hinweggehst? Sogar die Reihenfolge, in der du Websites ansiehst, wird einen Einfluss darauf haben, wie du einen bestimmten Sachverhalt verstehst. Eines der Kennzeichen der Postmoderne ist die Zerstückelung von Wahrheit und das Internet fördert genau solch bruchstückhafte Sichtweisen der Welt. Die Postmoderne sagt, dass jeder eine Meinung hat und dass jeder gehört werden sollte. Die Streitfragen sind wie ein unbeschiffbarer Whirlpool, warum sollte man sich dann eine ausgeprägte Meinung bilden? Aber Streitfragen *können* geklärt werden und du *kannst* dich informieren und dir eine Meinung bilden, und du brauchst dich nicht von einer Vielzahl von Meinungen lähmen und vom Studieren abhalten lassen. Du *kannst* mit harter Arbeit und treuem Gebet göttliche Weisheit haben (Sprüche 9,1-10; Jakobus 1,5-6). Eine der großen Ironien meines Lebens ist, dass ich unzählige Essays über das Internet und Debatten über den Calvinismus gelesen hatte, ohne mich je mit Calvins *Institutio* befasst zu haben. Ich habe mich abgemüht, die Fragen in ihrem Wesen zu verstehen, und versucht, sie von den Sichtweisen anderer zusammenzustückeln, dafür, dagegen, neutral, gut, schlecht, mittelmäßig. In der Zwischenzeit hätte ich die *Institutio* zweimal durchlesen können. (Ich habe damit endlich letzte Woche begonnen.)

Viertens spiegelt das Internet den Wert des Einsparens wider. Wenn man eine E-Mail abfeuert, geht das schnell, wenn die andere Person da ist, um sie zu checken. Aber ein sparsamer Aufwand bedeutet eine Abwertung des Produktes, zumindest was die innere Einstellung angeht. Wir werfen den Rest des Whoppers, den wir nicht aufessen können, weg, aber wir bitten im Steakhaus darum, dass die Reste eingepackt werden. Ich habe unter meinem Bett einen Schuhkarton, der fast alle Briefchen und Zettelchen, die mir meine Frau geschrieben hat, enthält – einige sind sogar Karteikarten. Soweit ich mich erinnere, habe ich nicht eine einzige E-Mail von ihr aufbewahrt. Dadurch, dass Information und Kommunikation als Massenware behandelt werden, schafft dies nicht nur ein Ethos der Verfügbarkeit und Unbeständigkeit, sondern es fördert auch nicht Hochkultur und Aufwand. Sicherlich hast du bemerkt, dass Rechtschreib- und Grammatikregeln in E-Mails zunehmend schamlos missbraucht werden. Ein schnelles Senden führt irgendwie zu einem schnellen Schreiben und einem schnellen Lesen (wobei wir hoffentlich nichts übersehen, da wir gleich auch noch die anderen achtundvierzig eilig verfassten E-Mails in unserer Mailbox lesen) und einem schnellen Löschen. Die Taste, mit der E-Mails weitergeleitet werden, ist der schlimmste Missetäter, weil wir mit gegenstandslosen Witzen, idiotischen Kriminalgeschichten, hysterischen Gerüchten über Madalyn Murray O'Hair usw., die uns unsere wohlmeinenden Freunde zusenden, überschwemmt werden. E-Mail ist mit einer Hand sparsam, was notwendige Kommunikation betrifft, aber mit der anderen Hand wird oftmals mit Belanglosigkeiten Zeit verschwendet.

Und schließlich spiegelt das Internet die Werte von Privatsphäre und Erfüllung persönlicher Wünsche wider. Aber eine fatale Ironie ist dabei, dass je mehr Menschen danach streben, ihre eigenen, den persönlichen Wünschen angepasste Erfahrungen zu machen, sie umso mehr ihre Persönlichkeit dem virtuellen Raum ausliefern. Das Internet ist ein Werkzeug, wodurch ein Mensch seine Persönlichkeit in Beziehungen mit unbekannten Autoren und Gesprächsteilnehmern in fernen Landen einbringen kann; dabei vergisst er möglicherweise seine Familie im Zimmer nebenan oder seinen Nachbarn, der nicht in der Lage ist, sein Haus zu verlassen. Porno-Abhängige wollen die Kontrolle über ihre eigene (Über-)Stimulation, aber zum Schluss wird ihr Wille versklavt. Menschen wollen persönliche Beziehungen und finden es im virtuellen Raum einfach, jemand anders zu sein. Aber es fällt ihnen zunehmend schwer, mit den täglichen Ärgernissen ihrer Kollegen aus Fleisch und Blut fertigzuwerden, weil sie lieber flüchten würden, anstatt ihre wahre Persönlichkeit zu praktizieren. Das Internet, das seinem Entwurf gemäß Menschen zusammenbringen soll, kann ihre Beziehungen entzweibrechen. Denke an das Klischee eines Computerfreaks. „Was ist denn mit *seiner* Psyche los?", fragst du dich. Nun, Gott hat uns festverdrahtet (entschuldige die Metapher), damit wir körperlich, mit Augenkontakt, Händedruck und heiligen Küssen (du weißt, was ich meine!) miteinander Umgang haben. Er setzte uns in eine fantastische Schöpfung und sagte: „Erfreue dich daran." Er spricht unsere Sinne an und unsere Sinne bestätigen die

Dinge, die mit der Realität zu tun haben. Das Leiden Christi was so real wie das ungesäuerte Brot zwischen deinen Zähnen und die Frucht des Weinstocks auf deiner Zunge. Das Klischee des Computerfreaks hat zu vielem davon überhaupt keine Beziehung, weil der virtuelle Raum eine undeutlich surreale Welt überschäumender Informationen und abgekürzter Pseudopersönlichkeiten ist. Man kann nicht seine eigene Seele durch den virtuellen Raum mitteilen (1. Thessalonicher 2,8).

Mit Privatsphäre geht Distanz einher. Der Garten hinter dem Haus mag der Familie eine Privatsphäre bieten, aber die Veranda zur Straßenseite ermöglicht es dir, Nachbarn zu treffen (wenn sie nicht im Internet sind). Mit dem leichten Verfügen über Bits und Bytes, das ganz den persönlichen Wünschen angepasst ist, geht einher, dass viele Aspekte unserer Persönlichkeit aufgegeben werden, besonders was Beziehungen betrifft. Emotionen können nur schwer in Pixel ausgedrückt werden und so erfand jemand das Emoticon. :) Es ist auch einfach, im Internet aufzuschneiden, indem man eine überlebensgroße Rolle annimmt, während man herumkreuzt und mit anderen sonderangefertigten Figuren Umgang pflegt. Der Benutzer des Internets hat dann vielleicht am Ende zwei Persönlichkeiten, eine im Internet und eine außerhalb. Er mag sich für die Persönlichkeit im Internet weniger verantwortlich fühlen, weil, hey, es ist anonym und es ist einfach, Leute zu beleidigen, die man nicht sehen kann. Beziehungen im wirklichen Leben erfordern furchtbar viel *Takt*, während das im Internet nicht so ist.

Ein weiterer Aspekt der Persönlichkeit, den wir aufgeben, ist unsere kreative Neigung. Gott erschuf uns als Schaffende. Die Ankunft des Internets war die Bar-Mizwa[34] der Verbraucherkultur. Die Verbraucherkultur frohlockt, wenn wir das haben können, was wir wollen, wann wir es wollen, wie wir es wollen. Auf der anderen Seite lobt es die Bibel, wenn wir unsere Nächsten mit unseren kreativen Fähigkeiten lieben, wenn wir uns darüber Gedanken machen, was sie benötigen, nicht, was wir wollen. Auf einer weiterentwickelten Ebene: Eine Technologie, bei der wir nur auf die Taste drücken, vermittelt den Eindruck, dass sie die Arbeit für uns erledigt, anstatt dass wir die Arbeit mit ihr erledigen. Wir beginnen damit, uns nach noch mehr arbeitssparenden Hilfsmitteln und Methoden umzusehen, obwohl wir für gute Arbeit erschaffen wurden. Wir erwarten jetzt, dass uns Dinge geliefert werden, und wir vergessen es, unsere Kreativität auszuüben. Ein Teil des Bildes Gottes in uns wird nicht mehr so sehr zur Anwendung gebracht. Und noch schlimmer: wir vergessen vielleicht, anderen zu dienen, weil wir so damit beschäftigt sind, dass die Technologie uns dient.

Ein letztes Problem des unpersönlichen Wesens des Internets ist, dass es *nicht lebt*. Egal wie sehr es die Wirklichkeit simuliert, egal wie viel künstliche Intelligenz Menschen erfinden, unsere Technologie hat niemals ein Leben wie wir. Und nicht nur das:

---

[34] Jüdische Zeremonie, bei der Jungen, die das 13. Lebensjahr vollendet haben, in die jüdische Glaubensgemeinschaft eingeführt werden (Anm. d. Übers.).

sie ist auch nicht geistlich – das heißt, sie hat keinen Geist. Wenn wir zwischen Mensch und Maschine Parallelen erkennen, bezeichnen wir bedauerlicherweise beide mit bildlichen Ausdrücken, wobei wir jeweils die Parallelen des anderen verwenden. Zum Beispiel wird Unterrichtszeit nur noch als das Speichern und Abrufen von Daten gesehen. Einer meiner Griechischlehrer wies mich an, dass ich mich im Klassenzimmer nicht als Wasserpumpe sehen sollte, die dröhnt und knirscht und Wasser in große Höhen befördert – aber im Lauf der Zeit nur verschleißt. Stattdessen sollte ich mich als großen Mammutbaum betrachten, der nach Wasser dürstet, es in große Höhen befördert und *dabei wächst*. Dieser Vergleich kommt der Wahrheit näher (Johannes 4,7-15).

Überlegungen zum Schluss

Ich bezweifle, dass ich dich dazu überredet habe, mit einem Vorschlaghammer zu deinem PC zu gehen, was in Ordnung ist, da dies nie meine Absicht war. Dieser Essay soll dich dazu bringen, umsichtig und biblisch zu denken. Wenn wir genauer hinsehen, erkennen wir als Erstes, dass nichts neutral ist – kein Motiv, kein kleiner Gegenstand, keine Methode. Es ist nicht so, dass Technologie neutral ist, bis sie für eine spezifische Botschaft wirbt; sie vermittelt von Anfang an inhärente Botschaften. Wenn wir uns des Wesens und der Verfahrensweise einer Technologie bewusst sind, können wir normalerweise ihre negativen Auswirkungen einschränken.

Also: nur zu! Benutze das Internet, wenn du wissen musst, was das Bruttoinlandsprodukt von Burundi ist, aber denke daran, dass wirkliche Menschen an einem wirklichen Ort leben, der Burundi heißt. Geh und hör dir auf MP3 eine Debatte zwischen einem Christen und einem Zeugen Jehovas an, aber nimm dir auch einen Wachturm und lies ihn zusammen mit einem guten Nachschlagewerk systematischer Theologie und schreib deine eigenen Ideen auf. Wenn du dich von der Porsche-Website losgerissen hast, geh und hilf deinem Vater, bei eurem Audi das Öl zu wechseln. Denke daran, dass Gott *dich*, so wie du bist mit Fleisch und Blut, für jede unnütze Instant Message zur Rechenschaft ziehen wird (Matthäus 12,36). Vor allem: strebe danach, deine Ressourcen zu den höchsten Werten in Beziehung zu setzen: „Klugheit ist Liebe, die zwischen den Dingen, die dabei helfen, Gott zu erreichen, und den Dingen, die hinderlich sein könnten, in rechter Weise unterscheidet."

Weiterführende Literatur

Es ist in diesem Rahmen wahrlich nicht möglich, die genannten Punkte detaillierter zu behandeln. Wenn du dich mit einigen der Fragen, die erörtert wurden, eingehender auseinandersetzen möchtest, empfehle ich die Bücher von Groothuis und Postman, die in der Bibliografie aufgeführt sind.

FRAGEN ZUM NACHDENKEN

Diese Fragen regen dazu an, über Themen, die das Internet betreffen, nachzudenken und sie noch eingehender zu studieren. Einige der Fragen verweisen dich an die Bibel und die Bücherei, während andere in den Kapiteln im ersten Teil des Buches bzw. in den Essays beantwortet werden.

1. Erläutere, warum Gott das Recht dazu hat, auf unsere Liebe eifersüchtig zu sein. (Kapitel 1 hilft dir hier.)

2. Erläutere, inwiefern das Ansehen von Dingen im Internet genauso götzendienerisch sein kann wie das Verbeugen vor einem Götzen. (Kapitel 1 hilft dir hier.)

3. Erläutere, wie der Internetmissbrauch einer Person ein Hinweis darauf sein könnte, dass der Betreffende nicht errettet ist. (Kapitel 1 und Essay 1 helfen dir dabei.)

4. Das Internet übt eine gewaltige Anziehungskraft auf diejenigen aus, die unvorbereitet sind. Von dem ausgehend, was *Die Finstere Seite des Internets* aufgezeigt hat: Vergleiche das Internet mit anderen Versuchungen und stelle es ihnen gegenüber. (Diese Frage basiert u. a. auf Kapitel 2.)

5. Archäologen haben antike pornografische Statuen entdeckt. Wenn es Pornografie praktisch immer gegeben hat: warum ist dann das Internet eine so große Sache? (Antworte von Kapitel 3 ausgehend.)

6. Sünde in der „Kunst" ist in den verschiedenen künstlerischen Medien unterschiedlich geartet. Zeichnung und Malerei, Fotografie, Filme, Musik, Literatur usw. Was haben zum Beispiel die E-Gitarre und extreme Verstärkungsmöglichkeiten in der Musik bewirkt (verzerrtes Klangbild)? Nenne eine Erfindung in den Kunstmedien und zeige auf, wie sie die Art der Kunst/Musik/Literatur/Rede verändert hat. (Diese Frage basiert u. a. auf Kapitel 3.)

7. Studiere Davids Leben in 1. und 2. Samuel – besonders im Hinblick auf seine Sünde mit Bathseba. Welche Ereignisse in seinem Leben deuteten im Voraus auf seine Anfälligkeit für diese Sünde (z. B.: Entsprachen seine Beziehungen zu Frauen Gottes Gesetz)? Was stimmte an dem Tag von Davids Sünde nicht? Was sagen die Bußpsalmen

(32 und 51) über die Zeit zwischen Davids Sünde und ihrer Aufdeckung aus? Wie handhabte Nathan die Sünde und ihre Aufdeckung? Was war das Ergebnis? (Diese Frage basiert auf Kapitel 4 und Essay 2.)

8. Kennst du Fälle in der Gegenwart, wo private Sünde aufgedeckt worden ist? Was waren die Folgen? Kam es je zur Wiederherstellung? (Behalte die Antworten für dich selbst.) (Diese Frage basiert u. a. auf den Kapiteln 4 und 5.)

9. *Die Finstere Seite des Internets* empfahl mehrere Methoden, wie du dich vor Versuchung schützen kannst. Welche von diesen haben du und deine Freunde angewendet? Welche sind am wirksamsten? Hast du noch weitere Ideen, die du anderen Menschen empfehlen würdest? (Diese Frage basiert u. a. auf Kapitel 6.)

10. Inwiefern ähnelt das Internet der ganzen Welt und ihrer Kultur? Wie sollten Christen auf Kultur in ihrer Gesamtheit reagieren? Was ist Kultur überhaupt? Wie haben Christen auf Kultur reagiert? Welche Ausrichtung bietet uns die Bibel bezüglich unserer Reaktion auf Kultur? Wie wenden wir das, was wir über Kultur wissen, auf Fragen des Internets an? (Hier helfen die Essays.)

11. Warum wurde das Internet überhaupt erfunden? Welchem Zweck diente es? Welchen Zwecken dient es heute? Welche anderen Technologien gibt es, die in einer bestimmten Situation erfunden wurden und schließlich in einer anderen zum Einsatz kamen? Was sollten Menschen, die natürlich nicht allwissend sind, von den unerwarteten Anwendungen lernen, die einige Technologien haben, wie man herausfand? Was könnte die Verlagerung von Anwendungen des Internets in Bezug auf unsere Kultur widerspiegeln? (Hier bist du auf dich selbst gestellt.)

12. Das Internet ist nicht mehr als eine „Babytechnologie" und wir sind noch dabei, zu lernen, damit sicher und verantwortungsvoll umzugehen. Wenn eine Gesellschaft versucht, mit einer neuen Technologie verantwortungsvoll und sicher umzugehen, dann kommt es zu Meinungsverschiedenheiten. Untersuche, ob du die Internettechnologie (und wie man gewährleistet, dass sie sicher ist) mit diesen anderen Technologien, die Anlaß zur Sorge gaben, vergleichen und ihnen gegenüberstellen kannst: das Automobil, Fernsehen, die Atombombe. Welche Fragen stellten sich? Wie reagierten verschiedene Gruppen von Menschen (politisch Konservative, Liberale, Freidenker, Christen) auf jene Fragen? (Hier bist du auf dich selbst gestellt.)

BIBLIOGRAFIE MIT ANMERKUNGEN

Berg, Jim. Changed into His Image: God's Plan for Transforming Your Life. Greenville, SC: BJU Press, 1999. Eine gründliche und umfassende Betrachtung der Lehre von Heiligung und Sieg über Sünde. Ein Arbeitsbuch, das für Jugendliche geschrieben wurde, und Videos/DVDs sind ebenfalls erhältlich. Die deutsche Ausgabe dieses Arbeitsbuches, Verändert in Sein Ebenbild: Gottes Plan zur Umwandlung deines Lebens, kann über impact e.V. bezogen werden.

Eliot, T. S. Christianity and Culture. New York: Harcourt Brace & Company, 1976. Dieses Werk umfasst zwei kürzere Werke von Eliot: "The Idea of a Christian Society" und "Notes Towards the Definition of Culture". Viele christliche Religionswissenschaftler haben in ihrer Arbeit auf Eliots Gedanken zurückgegriffen. Eliots anglikanische Ansichten über Kirche und Staat sind vielleicht eine Überraschung für viele Menschen.

Groothuis, Douglas. The Soul in Cyberspace. Grand Rapids, MI: Baker Books, 1997. Dies ist ein hervorragendes Buch, das aus einer durch und durch christlichen Perspektive das Beste von vielen Theologen und Philosophen zu dem Thema der Technologie zusammenträgt. Unbedingt zu empfehlen.

Myers, Kenneth A. All God's Children and Blue Suede Shoes: Christians and Popular Culture. Wheaton, IL: Crossway, 1989. Was ist "Populärkultur" nun genau und wie sollte die Gemeinde damit umgehen? Myers führt Bedenken an, die viele junge Christen vielleicht noch nicht in Betracht gezogen haben. Einige der Bedenken, die christliche Pastoren gerne herausstellen, hebt er nicht hervor.

Niebuhr, H. Richard. Christ and Culture. New York: Harper & Row, 1951. Erweiterte Ausgabe zum 50. Jubiläum, San Francisco: Harper-SanFrancisco, 2001. Dies ist ein Buch von Paradigmen darüber, wie sich Christen der Kultur genähert haben. Wie auch immer du über dieses Buch denkst, wird es als unentbehrliche Lektüre für jeden, der sich mit diesem Thema auseinandersetzt, angesehen. Nicht gerade Lektüre.

Postman, Neil. Amusing Ourselves to Death: Public Discourse in the Age of Show Business. New York: Viking, 1985. Wie die Unterhaltungskultur sogar in das, was ernsthaft und heilig ist, Eingang gefunden hat.

————. Technology: The Surrender of Culture to Technology. New York: Knopf, 1992. Neuauflage, New York: Vintage Books, 1993. Neil Postman war ein konservativer Autor, der Amerika vor den subtilen Auswirkungen von Technologie auf unser Empfindungsvermögen warnte. Er erkannte, dass technologische Fragmentierung zu einer trägedenkenden Postmoderne beigetragen hat.

Schaeffer, Francis A. How Should We Then Live? The Rise and Decline of Western Thought and Culture. Wheaton, IL: Crossway, 1976. Wie wirken sich Weltanschauungen in der Kultur aus? Wie geht ein Christ mit Kultur um? Dieses Buch bietet Weisheit von einem Experten in diesem Themenbereich. Es gibt auch eine Videoreihe mit demselben Titel, die dich vielleicht interessiert.

Veith, Gene Edward, Jr., und Christopher L. Stamper. Christians in a .com World. Wheaton, IL: Crossway, 2000. Beide Autoren haben Beiträge für das Magazin World verfasst und haben viel Erfahrung damit, Christen auf kulturelle und technologische Bedenken hinzuweisen.

Wilson, Wayne A. Worldly Amusements: Restoring the Lordship of Christ to Our Entertainment Choices. Enumclaw, WA: Wine-Press Publishing, 1999. Der Autor warnt ausdrücklich davor, dass Christen dem Quatsch der weltlichen Unterhaltungsphilosophien Glauben schenken.

Wingren, Gustaf. Luther on Vocation. Übersetzt von Carl C. Rasmussen. Philadelphia: Muhlenberg Press, 1957. Dieses Buch ist eine hervorragende Erläuterung der vierten Sichtweise von Christus und Kultur, die im Essay 4 behandelt wird. Ob du lutherischen Merkmalen zustimmst oder nicht, dieses Buch zeigt deutlich auf, wie Theologie im alltäglichen Leben anzuwenden ist. Nachdrucke sind erhältlich bei dem Cranach Institute der Concordia University in Wisconsin.

Weitere hilfreiche Links und zusätzliche Informationen findest du im Internet auf der Resources Page von BJU Press unter www.bjup.com/resources/ - navigiere durch Secondary Subjects und Bible zu The Dark Side of the Internet.

impact Verlag (Onlineshop)

Die Verfügbarkeit von guter geistlicher Literatur und Musik ist uns ein sehr wichtiges Anliegen. Darum wurde im Februar 2005 der rechtlich von impact e.V. unabhängige impact Verlag gegründet, der diese Aufgabe wahrnimmt. Im Onlineshop bieten wir neben der von impact e.V. herausgegebenen Literatur auch viele weitere geistlich erbauliche Bücher und Musik-CDs an.

Das Angebot wird ständig mit geistlich wertvoller Literatur und Musik zur Ehre unseres Herrn Jesus Christus erweitert.

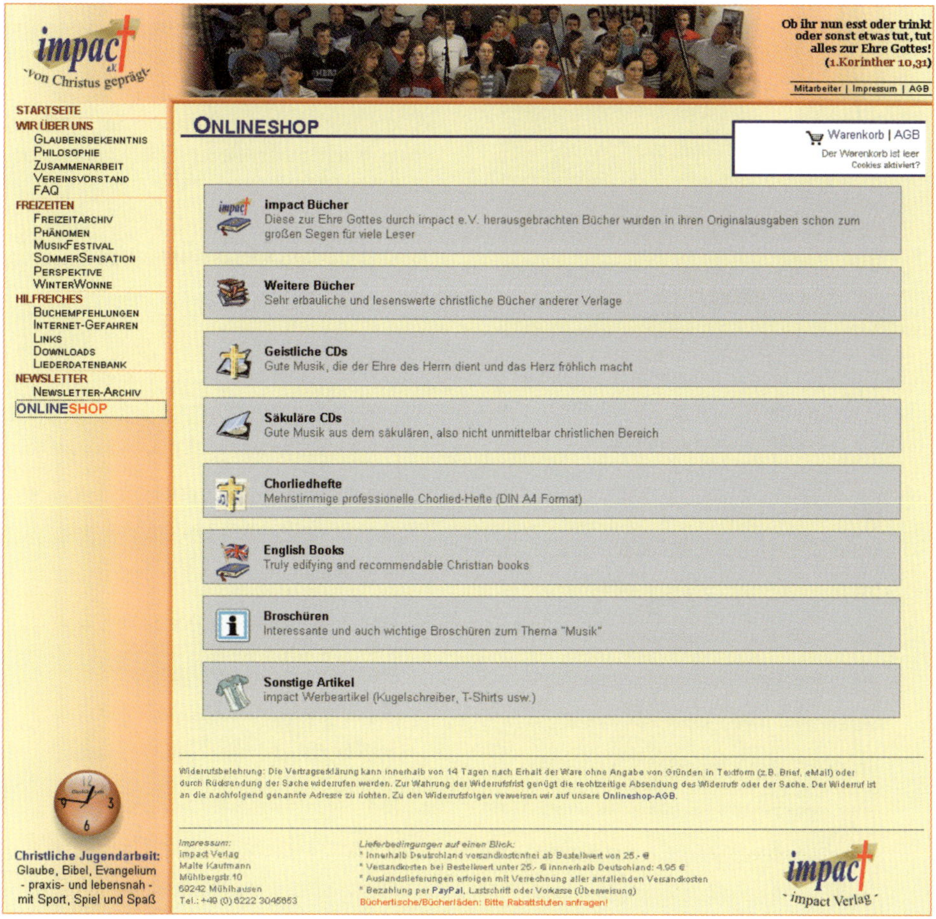

www.impacteV.de/onlineshop

Sätze für Gemeindechöre (Chorliedhefte)

impact e.V. ist Herausgeber einer Reihe erfrischender, geistlicher Chorsätze für Frauen-, Männer- und gemischte Chöre. Teils leicht, teils anspruchsvoll, aber immer ehrfurchtsvoll, sind diese Sätze sowohl für den Sänger als auch für den Hörer ein herrlicher Genuss.

Auch zu den Feiertagen liegen passende Chorsätze vor.

Alle Chorliedhefte können im Online-shop auch in größeren Stückzahlen bestellt werden:

www.impacteV.de/onlineshop

Buchvorstellung

Dr. Jim Berg
Verändert in Sein Ebenbild

ISBN 3-935558-71-6
Art.Nr. 10001
Arbeitsbuch, 200 Seiten
Erschienen: Juni 2005

Preis: 12,90 €
www.impacteV.de / onlineshop

„Ähnlichkeit mit Jesus Christus": Dieses Schlagwort ist Sinn und Ziel im Leben eines jeden entschiedenen Christen. Doch was genau verbirgt sich hinter diesem Begriff, der sich durch das ganze Leben zieht? Was ist Gottes Plan zur geistlichen Umwandlung eines Menschen?

In diesem Buch wird in 13 Lerneinheiten mit jeweils fünftägigen Arbeitslektionen sehr anschaulich und verständlich erklärt, wie die persönliche und bibelgemäße Beziehung eines entschiedenen Christen zu Gott auf- und ausgebaut werden kann. Jede Lektion enthält Fragen und Aufgaben, die bearbeitet werden können, um das Verständnis zu vertiefen. Dadurch gewinnt dieses Buch einen einzigartigen und sehr persönlichen Charakter. Es ist sowohl für neu entschiedene, als auch für langjährige Christen ein bis tief ins Herz hinein ermutigender und erbaulicher Segen.

Im englischen und spanischen Sprachraum ist „Verändert in Sein Ebenbild" seit seiner ursprünglichen Herausgabe im Jahre 2000 zu einem Bestseller und – was noch viel wichtiger ist – zum großen Segen für unzählige Christen geworden.

Eine Leseprobe des ersten Kapitels steht im Internet kostenlos als elektronisches PDF-Dokument zur Verfügung:

www.impacteV.de/hilfreiches/img/V.i.S.E.-Leseprobe.pdf

Buchvorstellung

Dr. Richard Shelley Taylor
Diszipliniert leben – aber wie?

ISBN 978-3-00-020801-0
Art.Nr. 10002
128 Seiten
Erschienen: April 2007

Preis: 7,95 €
www.impacteV.de / onlineshop

Mit kühnen und geschickt geführten Zügen seiner spitzen Feder durchdringt Dr. Richard S. Taylor die Oberflächlichkeit unserer Gesellschaft und legt die dringende Notwendigkeit disziplinierten Lebens bloß.

Er behandelt Probleme in allen Lebensbereichen, die es Christen erschweren können, ihr volles Potential auszuschöpfen. Dazu gehören beispielsweise Esssucht, Launenhaftigkeit, stark schwankende Emotionen, mangelnde Unterordnung, Unpünktlichkeit und falsche Prioritäten. Aber über die Gewohnheiten des täglichen Lebens hinaus stellt der Autor ein klares und praktisches Programm vor, wie man - von innen nach außen - ein wahrer Nachfolger Jesu Christi sein kann.

Seit über 40 Jahren hat dieser Klassiker von Dr. Richard S. Taylor unzählige Menschen erreicht und sie durch christliche Disziplin zu einem Leben der Heiligung und Hingabe geführt. Mit der vorliegenden deutschen Ausgabe wird ein brandaktuelles Thema aufgegriffen, das jeden von uns betrifft.

Eine Leseprobe des ersten Kapitels steht im Internet kostenlos als elektronisches PDF-Dokument zur Verfügung:

www.impacteV.de/hilfreiches/img/D.l.a.w.-Leseprobe.pdf

Buchvorstellung

impact e.V.
Singt und spielt dem Herrn!

ISBN 978-3-9811774-0-4
Art.Nr. 10003
272 Seiten
Erschienen: Februar 2008

Preis: 11,95 €
www.impacteV.de / onlineshop

Der Titel des Liederbuches „Singt und spielt dem Herrn" ist von Epheser 5,18 abgeleitet und erinnert daran, dass die primäre Hörerschaft unseres Musizierens weder wir selbst noch unsere Geschwister noch, was das betrifft, die Ungläubigen sind, sondern Gott selbst. Ihm opfert, wer voll Geistes ist, Psalmen, Lobgesänge und geistliche Lieder (Kolosser 3,16).

Es mag durchaus sein, dass andere Menschen unsere Musik hören, aber wie David es in Psalm 57,10 formuliert, bleibt Gott der eigentliche Empfänger unseres Lobes: „HERR, ich will Dich preisen unter den Völkern, ich will Dir lobsingen unter den Leuten."

Dieses lang erwartete Liederbuch enthält 172 sorgfältig ausgewählte bekannte und ganz neue Lieder, von denen viele schon seit Jahren begeistert auf impact e.V. Freizeiten gesungen werden. Jedes Lied ist mit mehrstimmigem Begleitsatz (Klavier / Chor) und vollständigen Gitarrengriffen versehen.

Das Inhaltsverzeichnis steht im Internet kostenlos als elektronisches PDF-Dokument zur Verfügung:

www.impacteV.de/hilfreiches/img/S.u.s.d.H.-Index.pdf

Jugend- und Familienfreizeiten

Den Mitarbeitern von impact e.V. liegt die bibelorientierte und praxisnahe Vermittlung des Evangeliums von Jesus Christus sehr am Herzen.

Als Hilfe und Unterstützung für viele Ortsgemeinden im deutschsprachigen Raum wurde impact e.V. nach jahrzehntelanger regelmäßiger Freizeitarbeit offiziell im April 1999 von Pastoren und evangelistischen Jugendarbeitern als gemeinnütziger Verein für Jugend- und Familienfreizeiten gegründet.

Menschen allen Alters wurde seither die Saat des ewig währenden Wortes Gottes ausgestreut. In zahlreichen Freizeiten mit deutschlandweitem Einzugsbereich nahmen bereits viele Menschen den Herrn Jesus Christus in ihr Leben auf und andere fanden eine geistliche Neuausrichtung.

Für Freizeitmitarbeiter:
impact e.V. bietet Schulungen und Weiterbildungen für bibelgläubige Freizeitmitarbeiter an. Wer sich zum Dienst an Jugendlichen berufen sieht, sucht oftmals nach einer Hilfestellung, um sich zur Ehre des Herrn einzubringen. Gott sucht Menschen, die sich für IHN hingeben. impact e.V. bietet hierfür gerne umfassende Unterstützung.

Für jugendliche Teilnehmer:
Nahezu alle Mitarbeiter unserer impact e.V. Freizeiten waren als Kinder und Jugendliche selbst langjährige und begeisterte Freizeitteilnehmer. Deshalb fällt es ihnen nicht schwer, sich in die Lage der heutigen Freizeitler hineinzuversetzen. Die folgende Übersicht zeigt die von impact e.V. gegenwärtig angebotenen Freizeitarten.

Mehr Informationen im Internet:
www.impacteV.de

Phänomen

Einwöchige Teenager-Bibelschulfreizeit im Frühjahr (Osterferien). Neben viel Sport, Spiel und Spaß wird konzentriert in Gruppenarbeiten im Wort Gottes geforscht und viel über die wesentlichen und immerwährenden Wahrheiten der Bibel gelernt.

MusikFestival

In den Pfingstferien durchgeführte Freizeit für alle musikbegeisterten Sänger und Instrumentalisten. Neben aussagekräftigen biblischen Botschaften rund um das Thema Musik erlernen wir gemeinsam unter professioneller Anleitung viele mehrstimmige Chorlieder und Instrumentalstücke.

SommerSensation

Passend zu den Sommerferien im Juli und im August je zweiwöchige Freizeit für Teenager. Bei sonnig warmem Wetter wird auch hier neben gemeinsamem Sport, Spiel und Spaß mehrmals täglich konzentriert und jugendgemäß aus der Bibel gelehrt.

Perspektive

Junge Erwachsene und Familien mit Kleinkindern sind herzlich zu erbaulichen, mehrtägigen Herbst-Kurzbibelseminaren eingeladen. Bei allen gemeinsamen und individuellen Aktivitäten steht die Gemeinschaft unter dem Wort Gottes auch hier immer im Mittelpunkt.

WinterWonne

Am Jahresende treffen sich Wintersportler und Wintergenießer für eine aktive Woche in der Schweiz. Neben viel Wintersport und genügend freier Zeit steht jeden Morgen und Abend die Vermittlung des Wortes Gottes im Vordergrund.